# 大师的领导课

卓越领导者的
实践心得

[美] （Marshall Goldsmith） （Sam K. Shriver） （Kathy McDermott）
马歇尔·古德史密斯 山姆·K.施莱弗 凯西·麦克德莫特 著

王漫 译

LESSONS FROM
LEADERS
PRACTICAL LESSONS FOR A LIFETIME OF LEADERSHIP

机械工业出版社
CHINA MACHINE PRESS

本书借助 15 位杰出领导者数十年的经验教训，激励和引导读者改变领导方式。通过回顾他们的领导实践，深入剖析成功的领导者独特的个性，揭示一位成功的领导者所必备的基本技能和个性特征。本书为领导者提供了一次宝贵的学习机会，让他们反思和应用这些有意义的见解。作为一部提高领导力的指南，各级领导者都可以从中学有所获，以此开展自己非凡的领导力提升之旅。

Copyright © 2021 by Leadership Studies, Inc.

All rights reserved. No part of this book may be reproduced by any means whatsoever without written permission from Leadership Studies, Inc.

The Chinese edition Copyright © 2022 by Leadership Studies, Inc.

北京市版权局著作权合同登记　图字：01-2021-4927号。

## 图书在版编目（CIP）数据

大师的领导课：卓越领导者的实践心得 /（美）马歇尔·古德史密斯（Marshall Goldsmith），（美）山姆·K.施莱弗（Sam K. Shriver），（美）凯西·麦克德莫特（Kathy McDermott）著；王漫译. —北京：机械工业出版社，2022.6

书名原文：Lessons from Leaders: Practical Lessons for a Lifetime of Leadership

ISBN 978-7-111-70866-7

Ⅰ.①大…　Ⅱ.①马…②山…③凯…④王…　Ⅲ.①领导学　Ⅳ.①C933

中国版本图书馆 CIP 数据核字（2022）第 095544 号

机械工业出版社（北京市百万庄大街 22 号　邮政编码 100037）
策划编辑：坚喜斌　　　　　责任编辑：坚喜斌　李佳贝
责任校对：高亚苗　刘雅娜　责任印制：李　昂
北京联兴盛业印刷股份有限公司印刷
2022 年 9 月第 1 版·第 1 次印刷
145mm×210mm·6.75 印张·3 插页·117 千字
标准书号：ISBN 978-7-111-70866-7
定价：59.00 元

电话服务　　　　　　　　　网络服务
客服电话：010-88361066　　机　工　官　网：www.cmpbook.com
　　　　　010-88379833　　机　工　官　博：weibo.com/cmp1952
　　　　　010-68326294　　金　书　网：www.golden-book.com
封底无防伪标均为盗版　　　机工教育服务网：www.cmpedu.com

## 致苏西·毕肖普（Suzie Bishop）

这本书的缘起是你，写这本书是你的主意。没有人比你为让这一愿景付诸实施做出更大的推动了！真诚感谢你的领导与指导，以及我们自始至终的友谊！

——马歇尔、山姆和凯西

# 序 言

政庞土裂的变革,无处不在的风险,与日俱增的复杂性以及肆意增长的不确定性,这是一个对"领导力"格外注重的世界。因为唯领导力才是让人们同心协力、众志成城,完成个体无法完成的任务的关键。

回顾20世纪80年代,我在领导力研究中心工作的时候,情境领导力这一概念初见萌芽。我依然记得和保罗·赫西(Paul Hersey)博士、马歇尔·古德史密斯和山姆·K.施莱弗等人定期进行的深入讨论,我们一起畅谈领导的风格、行为模式和能力建设,尝试运用情境领导的基本理念。

随着时间的飞逝,和我们经验的积累,在将自己的所学融入工作的过程中,我对领导力愈发重视且还在不断地深入探索,那就是:人们从那些伟大的领导者身上学习基本的领导力原则,然后通过运用这些基本准则成为多元、真实世界中的领导者典范。

现如今,领导者被要求一职多能。既要基于一系列"正确"的价值观,创建能够引领企业走向未来的愿景,还需直面这些愿景所带来的挑战和变化;既要确保这一愿景在利益相关者的整个生态系统中得以实现,还要保证和他们的天才团队以及盟友们一道共赴赛场——因为每个人都是令愿景成真的关键执行者。而这所有的一切还需在面临颠覆性变革、严峻的风险,以及日益增加的经营复杂度等极其不确定的环境下发生。

你即将阅读的是一本将过去几年里在各个领域涌现出的出色领导人在全球范围内通过扮演不同角色所总结出的洞见的汇编。本书详细阐述了在这真正具有挑战性的时代,世界各地的领导人是如何一致地运用那些永恒的领导力原则。虽然我必须承认,在山姆请我看本书的手稿之前,我对弗朗西斯·赫塞尔本、艾伦·穆拉利和吉姆·金勇这些我早已熟知的卓越领袖们的领导力在世界范围产生的非凡影响敬佩有加,但当我拜读完《大师的领导课》,了解了其中的其他典范人物时,我就更加坚定了我的使命,那就是更好地了解这些人,以及他们的工作。

如果你是一个想在这个世界上有更大作为的领导者,我强烈建议你敢于突破自己,去尝试接纳新的思想。

桑迪·奥格[一]
CEO工作坊创始人

---

[一] 桑迪·奥格(Sandy Ogg):CEO工作坊创始人。桑迪拥有30多年与各企业首席执行官合作的经验,致力于通过培养具备应对当前商业环境挑战的能力的高管来改善企业和整个商业。他曾担任领导力研究中心的主席、摩托罗拉的高级副总裁、联合利华的首席人力资源官和多家咨询公司的顾问。——译者注

# 贡献者

以下是在领导力方面提供了个人经验的贡献者名录。

大卫·布伦南（David Brennan）：就职于阿斯利康股份有限公司，2006—2012年任首席执行官兼执行董事，带领公司完成从制药巨头进入生物制品领域的转型。

戴露·戴维斯（Daryl Davis）：获奖音乐家，以一己之力改变了200多名美国三K党成员思想的民权活动家和畅销书作家。

玛德琳·迪恩（Madeleine Dean）：第一位从她所在的州（宾夕法尼亚）当选为美国国会议员的女性。致力于成瘾预防、平等权利、枪支暴力等问题的解决。

吉姆·邓肯（Jim Duncan）：被《福布斯》杂志认定的美国十大销售专业人士之一；帮助计算机租赁巨头Comdisco将年收入从6000万美元增长至超过40亿美元的销售之王。

克拉丽莎·艾特·史密斯（Clarissa Etter-Smith）：在多家财富50强企业担任高级领导者。她以勇敢和无畏引领人们，帮助人们找到前进的目标，是人们可信赖的倾听者。

更重要的是，她总是在做"正确的事情"。

**安·赫曼·内迪（Ann Herrmann Nehdi）**：赫曼是一家科技公司的董事长，该公司旨在帮助全世界的个人和组织了解自己的想法，释放自身隐藏的认知潜力。

**弗朗西斯·赫塞尔本（Frances Hesselbein）**：美国女童子军前首席执行官，总统自由勋章获得者，拥有22个荣誉博士学位，《领袖致领袖》杂志编辑和匹兹堡大学㊀赫塞尔本论坛主席。

**吉姆·金勇（Jim Yong Kim）**：韩裔美籍医生、人类学家，第十二任世界银行行长，达特茅斯学院㊁第十七任校长，以及"健康伙伴"联合创始人。

**贾斯汀·摩根（Justin Morgan）**：一位富有创新精神的进步牧师，在历史悠久的传统空间中引领教会快速成长和积极变革。

**艾伦·穆拉利（Alan Mulally）**：福特汽车公司CEO。

---

㊀ 匹兹堡大学（University of Pittsburgh）：成立于1787年，是历史悠久的世界顶尖公立研究型大学，也是美国最早成立的十所大学之一。位于宾夕法尼亚州第二大城市匹兹堡。——译者注

㊁ 达特茅斯学院（Dartmouth College）：成立于1769年，是美国历史最悠久的世界顶尖学府，也是闻名遐迩的八大常春藤联盟之一。坐落于新罕布什尔州的汉诺佛（Hanover）小镇。——译者注

从一名航空工程师成长为波音公司的执行副总裁、波音民用飞机集团的 CEO。在担任波音信息、空间和防务系统集团总裁期间，他领导了公司史上少有的带来最大增产的转型。

**希拉·西蒙（Sheila Simon）**：法学教授和伊利诺伊州前副州长，也是前美国参议员保罗·西蒙（Paul Simon）和州议会议员珍妮·赫尔利·西蒙（Jeanne Hurley Simon）的女儿。

**南希·辛格（Nancy Singer）**：在职业生涯的大部分时间里，任职财富 50 强公司的全球领导力发展高管，被誉为女性领导力的真正先驱和捍卫者。

**帕特里克·斯托克斯（Patrick Stokes）**：高中历史教师、橄榄球教练。他在十几岁的时候就知道自己要什么，自此之后，就一直从事影响和塑造孩子们个性的事业。

**帕特·萨米特（Pat Summitt）**：荣登 NBA 名人堂的女子篮球教练，八次 NCAA 锦标赛冠军、一枚奥运会金牌、总统自由勋章和"亚瑟·阿什勇气奖"获得者。

**布雷特·威廉姆斯（Brett Williams）**：美国空军退役少将，美国网络司令部的运营总监，F-15 战斗机飞行员，铁网网络安全联合创始人和首席运营官，资深演讲人和教练。

# 致　谢

我要一如既往，特别感谢的是：

- 我们在领导力研究中心的团队，感谢你们为培养领导者做出的贡献和付出的热情。
- 莎拉·麦克阿瑟（Sarah McArthur）的真诚指导和支持。
- 米歇尔·艾格尔斯顿·施瓦兹（Michelle Eggleston Schwartz），你有着天生的文学天赋，与你共事非常有趣。

# 前 言

有一些书写成的时候就需要从头至尾来读，如若跳过一些章节一定会让你抓狂不已。因为如果没有阅读第2章中提供的背景或第3~5章中详述的层叠情节，那么，第6章中最后的高潮部分对你而言，很可能是丈二和尚摸不着头脑，找不到意义所在。但是，我们想提醒你的是：

这本书你可以从前至后阅读，但并不是非要如此！

确切地说，我们的建议是：请先浏览目录，熟悉分享故事的领导人，然后按照你觉得易于理解的顺序来看！简单地说，正如我们现在已知的，领导力因人而异，对不同的人产生的影响大相径庭，令我们一些人产生共鸣的事情可能对其他人来说索然无趣。因此，如果不考虑其他因素，这本书也将为这个论断提供最好的佐证。

还有一个我们都了解的事实是：领导力"无处不在"。我们的意思是它是多向的、动态的。领导力可以是向下的（从老板到员工），也可以是横向的（从同事到同事），还可以是向上的（来自组织的基层），在你可以想象的任何环

**大师的领导课**
卓越领导者的实践心得

境中皆是如此（大公司和小公司，营利性和非营利性组织，公共和私人机构等）。不过，这本书的每一章都有一个共同点，那就是，它讲述的是一个关于领导者在其职业生涯中致力于对他人产生有效影响的故事，而他们在这一过程中所吸取的经验教训对我们每一个人来说都有潜在的指导意义。

他们中的一些人你一定已经认识，因为他们的成就已被记载在历史长河中。还有一些领导者，对他们最准确的描述就是他们身处工作一线时所展现的非凡能力。令他们作为领袖脱颖而出的环境可能没有那么耀眼光亮，但同样让人印象深刻。在当今世界应对新冠肺炎疫情的过程中，我们多次目睹了这一面。颠覆性变革给那些拥有或者没有得到过高级职位正式授权的人，提供了前所未有的领导机会。我们相信，这一论断在接下来的章节中也将被多次证实。

本书特邀的领导者们包括以下人士。

**民权活动领袖：**

民权活动家，因从心灵、思想和行为上改变了那些怀有仇恨与偏见的忠实信徒而被载入史册。

**军事领袖：**

美国空军退役少将，在被任命为美国网络司令部运营总监之前,他的大部分职业生涯是作为战斗机飞行员度过的。

**宗教界领袖:**

一位牧师,因善用教义把对生活、爱和追求幸福有着不同看法的人们团结在一起而声名远播。

**企业界领袖:**

一位执行董事,敢于将真相告知核心管理层的,深得人们信赖的美国最佳CEO。

一位销售主管,成功帮助一家市值6000万美元的公司完成全球化,并达成数十亿美元业绩转型的行业领袖。

**教练界领袖:**

一位传奇人物,因真正的卓越而获得总统自由勋章,因超越运动本身而入选NBA名人堂的女篮教练。

一位高中历史老师和橄榄球教练,因其为成千上万的孩子提供了方向、动力、视野和愿景而广受赞誉。

**政界领袖:**

一位原则性超强,以服务他人为使命,是第一位从她所在的州当选为美国国会议员的女性。

一位出生于显赫的政治家庭,凭借自己的努力成为有威望的公职人员,并改变了她所在州的政治面貌的女性。

**学习和发展界领袖：**

一位因教授领导者有效利用大脑中蕴藏的无限潜力而得到全球认可的首席执行官。

一位从一家全球化企业的部门经理、总监，成长为一名优雅成熟的管理者，继而成为卓越领导力，尤其是女性领导力领域的典范。

**四位首席高管：**

策划了公司历史上最富有成效的转型项目；

成为未来几代女性领导人的开拓性榜样；

与奥巴马总统直接合作实施医疗改革；

在正在进行的抗击世界饥饿的斗争中取得了切实的进展。

我们真诚地希望至少有一个故事能够为你提供具有可行性建议的蓝图，激发你的领导潜能。也许，两者还能兼而有之！

# 目 录

序 言

贡献者

致 谢

前 言

第 1 章　专注使命　　　　　　　　　　　／ 1

第 2 章　善用你的核心价值观　　　　　　／ 16

第 3 章　设定基调　　　　　　　　　　　／ 26

第 4 章　虚己者，进德之基　　　　　　　／ 38

第 5 章　服务即生活　　　　　　　　　　／ 52

第 6 章　敢于直言不讳　　　　　　　　　／ 68

第 7 章　服务他人　　　　　　　　　　　／ 77

第 8 章　通过坦诚沟通影响改变的发生　　／ 89

第 9 章　培养学习心态　　　　　　　　　／ 105

第 10 章　不确定的领导力　　　　　　　　／ 118

第 11 章　聆听的力量　　　　　　　　　　／ 129

第 12 章　做真实的自己　　　　　　　　/ 145

第 13 章　更加关注人　　　　　　　　　/ 155

第 14 章　持续推动　　　　　　　　　　/ 169

第 15 章　关键不在于赢　　　　　　　　/ 179

后　　记　　　　　　　　　　　　　　　/ 196

结束语　领导者，影响众　　　　　　　　/ 198

# 第 1 章
# 专注使命

## 弗朗西斯·赫塞尔本

当你"站在伟人面前",你会想到什么?会是俯视一位身高只有一米五,早已超过正常退休年龄的女士吗?我敢说,没有人想到会是这样的画面,直到真的有机会站在弗朗西斯·赫塞尔本面前。

首先打动你的是她的眼睛!确切地说,是她那双历练多年,诙谐幽默的、会说话会微笑的月牙眼,在准确无误地传达:

"……这将是一次有趣的会面!我非常高兴我们今天能在一起……我发自内心地对你感兴趣……我对你感兴趣的事情也充满好奇。"

就在你们四目交会的一瞬间,无声胜有声,太多的信息就以这种非语言的方式传达出来。随即,莫名地,你便感觉置身在一个安全舒适的环境里,不再忧虑自己应该扮演什么角色,或者刻意表现自己的能力或自信,你要做的就只是那个最真实、最透明的自己。

**大师的领导课**
卓越领导者的实践心得

也就是这一眼的放松,足以让你放下局促或防备,细细打量她在公园大道的办公室。只见这间办公室内的墙壁、桌面或书架上,密密麻麻摆满了这位身材娇小的"能力掮客"和真实世界领导人的一张张个性十足的照片。这些照片有最近拍摄的,也有几十年前的;有你可能不认识的,但大多数你都是知道的:总统、大使、海军上将、将军、著名的CEO、民权领袖,还有更多你习惯于在杂志封面上看到的他们,或者在拥挤的各种新闻发布会上站在麦克风后面的人……突然,你醒过神来,所有这些人,在某个时候,都曾经与眼前这位和蔼但有权势的女士共处过一室。这些人也像你一样,看到了她的眼睛,看到了她眼睛里的微笑,因此而感受着身心的放松和惬意,并真真切切地意识到,你真的站在了伟人面前!

访谈开始了,你立马意识到这将是你生命中永远值得铭记的一小时。你了解到的历史让你无比震惊。如:赫塞尔本是约翰·亚当斯⊖总统的直系继承人,亚当斯总统是《独立宣言》签署者中唯一一位从未拥有过奴隶的人。或许到最后,连这一点的震惊也无足轻重,因为经过彼此开诚布公的交流后,你得到的是你能够想象到的关于多样性和包容性最坦诚的见解(它们原来是如此的简单……但若用我们自己的方法去做又是那么的困难)。你还会听到关于千禧一代全新

---

⊖ 约翰·亚当斯(John Adams):美国第二任总统(1797—1801年)。——译者注

# 第1章
专注使命

的、令人振奋的，只有经验丰富的专家才能做出的预测性观点。你还会听到宾夕法尼亚州西部一位祖母（大约一个世纪前）和一位绅士——她的洗衣工易先生的故事，那是你听完后确信，这个星球上的每一个人都应该至少听一次的故事，然后，懂得借用个中智慧来审视自己的生活。

我们相信，接下来的文字完全能够证明，对领导力而言，赫塞尔本女士已达到信手拈来的程度，请随我们一道体会！

\* \* \* \* \* \*

> **领导力是"如何做人"，**
> **而非"如何做事"。**
>
> ——弗朗西斯·赫塞尔本

## 由内而生的领导力

通过几句言简意赅的描绘,企业的使命便能够把企业的宗旨、价值观和最终的目标诠释清楚。但也就是这几句精雕细琢的使命,将人们与企业的内在联系起来,让人们找到共举事业的意义。企业的使命暗含的是一家公司的激情、奉献与人心所向。

正如企业的经营是有目的的一样,领导者也必须维系企业的核心价值体系并有意识地遵循而行。"仔细想想,虽然我们一生中的大部分时间都用来学习'如何做事'和教别人'怎么把事情做好',然而,最终决定结果的,却是领导者的品质和性格。"因此,领导力倡导者弗朗西斯·赫塞尔本认为,很简单,"领导力是有关'如何做人',而非'如何做事'的能力。"

领导力由内而生,是我们作为独特个体的核心价值。领导力不是某种职位,而是我们的性格以及在与他人日常互动中的展现。成长为一名高效领导者不是通过晋升或任命获得的,每个平凡的人都可以成为领袖,一切源自我们的内心。

# 第 1 章
## 专注使命

### 尊重每个人

8 岁大的赫塞尔本从她深爱的祖母那里学到了关于品格和尊重的宝贵一课。她的祖母和担任了 50 多年治安法官的祖父共养育了 7 个孩子。在他们的家里，有一架管风琴，键盘的上方有一个架子，上面摆放着两只高大漂亮的中国古代花瓶。

每周赫塞尔本都会去看望祖母，并请求祖母让她摸摸这两只花瓶，但每一次都会遭到祖母的拒绝。在一个星期六，赫塞尔本虽然心里没底，可还是对祖母跺脚哭闹，声嘶力竭地要求和花瓶玩一会儿。这次祖母没有责备她，而是平静地把她领到一个面对管风琴的维多利亚式的、深红色天鹅绒座椅前，坐了下来。祖母搂着她的肩膀，讲述了这两只花瓶背后的故事。

很多年以前，在赫塞尔本的母亲也只有 8 岁大的时候。一名姓易的中国洗衣工每周二都会来家里取走她祖父的衬衫，把它们洗得干干净净、上浆、烫得整整齐齐后，每周四再送回来。易先生身着长袍，头戴一顶帽子，帽子下面留着辫子。附近的小男孩们经常追打他，对他出言不逊。

有一天，有人敲祖母厨房的门，是易先生。他手里拿着一个用报纸包着的大包裹。祖母向他打招呼道:"早上好啊,易先生。请进来坐吧。"

易先生把手里的大包裹递给祖母说:"这是送给您的。"祖母打开包裹,里面是两只精美的中国古代花瓶。祖母说:"易先生,这太贵重了,我不能接受。"但易先生很坚持,祖母看着他说:"易先生,你为什么要把你的花瓶送给我?"

易先生看着祖母,眼泪顺着脸颊奔流而下,说:"威克斯太太,我来到这个城市已经有10年了,因为这里不准我带上我的妻子和孩子,所以我要回中国和他们团聚了。在这里我所有的东西就只有这两只花瓶,我想把它们送给您。"

祖母看着易先生再次问道:"易先生,你为什么要把你的花瓶送给我?"泪流满面的易先生看着祖母说:"威克斯太太,我在这个城市已经住了10年了,只有您一个人叫我'易先生'。"

你可以想象,在矿业小镇的10年里,易先生所受到的侮辱与辱骂。听祖母讲完故事的赫塞尔本哭得非常伤心,那是为可怜的易先生流下的眼泪。祖母去世前留下了一张小卡片,上面写着:"我希望弗朗西斯拥有易先生的花瓶。"今天,这两只花瓶还摆放在赫塞尔本家的客厅里,每当她看到它们,就会想起祖母和易先生,并告诫自己,每个人都值得被尊重。

# 第 1 章
专注使命

## 使命驱动

20 世纪 60 年代初，作为宾夕法尼亚州西部一个小矿区里一名 8 岁小男孩的母亲，赫塞尔本意外地成为女童子军第 17 小队的队长。一支以教堂地下室为基地的女童子军组织邀请她担任临时负责人，教导 30 名 10 岁左右的女孩。在那里，赫塞尔本迈出了成为组织领导者的第一步。

赫塞尔本觉得这份工作很有价值，于是在接下来的 8 年里她继续做志愿者，陪伴这群女孩子们直到她们高中毕业。在此期间，她被聘请为当地女童子军理事会的执行董事，随后升任为宾夕法尼亚州西部女童子军的董事。就是在这个时期，赫塞尔本意识到是时候定义她自己的领导风格了。

她开始推崇和践行现代企业管理之父彼得·德鲁克的领导力准则，德鲁克后来成为女童子军组织的亲密合作伙伴和重要顾问。为了更有效地发挥领导作用，赫塞尔本意识到，自己必须首先要构建一个至诚的使命，因为这是工作的根本目的。正是使命把人和人真正地联系在一起。使命语言的提炼，必须简短、有力、让人敬从，就像德鲁克要求的那样："使命应该简练到能被印在 T 恤上"。赫塞尔本拟定了女童子军的使命，该使命也从此被传承，那就是：

"帮助每个女孩子发挥出自己最大的潜力。"

赫塞尔本认为："无论你是女童子军的总裁，还是世界上最大的女童或妇女组织的首席执行官，那并不重要。因为在某种程度上，你的工作就是必须为自己的使命赋予意义。"

赫塞尔本发现，最成功的企业都是那些懂得使命的力量，并善于利用它的企业。使命不仅诠释了企业的价值，它还和企业的生命休戚与共。为满足组织不断变革的需要，组织的目的也会不断地变化。因此，使命也非一成不变，我们的每一天，就是让"我们的使命变得更有意义"的一天，赫塞尔本敦促道。

正是这种致力于赋予使命宣言以非凡意义，以及精确提炼成文的能力，赫塞尔本引起了美国国家机构的注意，1976年，她成为全美女童子军的执行董事。在接下来的13年里，她一直担任该组织的领导人，并逐步改善了组织吸引和接纳新成员的方式。

## 从使命到行动

从志愿组织的领导者到美国女童子军的首席执行官，赫塞尔本不遗余力地推动着组织使命在行动上的转化。基于"培养拥有勇气、自信、个性的女孩，让世界变得更美好"的根本宗旨，赫塞尔本意识到，女童子军组织需要在领导力方面投入更多的培训，以达成帮助每个女孩实现自我最大潜力的承诺。

这样的培训并非一次性的，持续的领导力专业教育对各个年级的孩子们的学习和成长至关重要。与此同时，扩大成员范围，增加少数族裔成员比例，使之成为一个更具包容性的组织；为5岁儿童创建雏菊童子军、解决影响儿童的社会问题；为现代技能创建新的徽章都是赫塞尔本齐头并进推动的举措。

赫塞尔本认识到时代在不断变化，强调组织必须持有持续发展的理念以满足孩童们的需求。领导者需要不断检视，以确保企业的使命顺应组织、员工和所在社区当下所面临挑战的需要。

## 凝聚人心

1976年，事先并不知情的赫塞尔本被邀请成为美国第一个主政国际联合劝募协会㊀的女性，做出这一任命是因为

---

㊀ 国际联合劝募协会（United Way International）：1887年，美国第一个联合劝募机构慈善组织协会（Charity Organization Society）在科罗拉多州丹佛市成立，旨在为22个非营利组织成员募集捐赠及提供服务；1982年，联合劝募协会在北美的分支数量达到2200家；2012年，联合劝募制度在全球42个国家和地区发展。——译者注

该协会看到了她在帮助女童子军在筹集资金方面所做的巨大贡献。作为主席，她可以选择一名副主席，后者将在第二年接任主席。

她选择了当地钢铁工人联合会的主席担任她的副主席，并用更大胆的举措回应了委员会对她选择的质疑：邀请时任美国劳工联合会 – 产业工会联合会（AFL – CIO）㊀的全国主席与她一道参加开幕式。

正是由于赫塞尔本的选择，第一次有劳工组织和大型公司相继成为积极支持国际联合劝募协会的意向伙伴。那一年，宾夕法尼亚州的小约翰斯顿是国际联合劝募协会中人均捐赠额最高的小镇。赫塞尔本让每个人都参与到活动中来的理念获得了巨大的成功。

100 年来，世界上只有两位女性担任过国际联合劝募协会的主席。赫塞尔本也是最近才从《纽约时报》一篇宣布第二位女性当选该协会主席的报道中了解到这样一个事实：继 1976 年她成为第一位当选的女性主席之后，在时隔

---

㊀ 美国劳工联合会 – 产业工会联合会（The American Federation of Labor and Congress of Industrial Organizations，简称 AFL – CIO）：是美国老牌的工会组织，也是至今最大的工会组织。该组织是由成立于 1886 年的美国劳工联盟（the American Federation of Labor）和成立于 1935 年的工业组织协会（the Congress of Industrial Organizations）在 1955 年联合而成，因此名为"AFL – CIO"。——译者注

42 年的 2018 年的纽约，第二位女性主席才横空出世。

## 一切关乎人

在寻找商业教练和合作伙伴时，重要的是要找到那些愿意做出最大改变，而不仅是重复过去辉煌的人。赫塞尔本认为："如果领导力是关于如何做人，那么找到能够带来这种改变的优秀人才就是重中之重。"赫塞尔本深感女童子军组织是多么幸运，因为有那么多杰出的人愿意与她们一道做事。

在众多的优秀领导者之中，赫塞尔本特别留意到来自福特汽车公司首席执行官的艾伦·穆拉利。穆拉利是一位被公认为关心同事、给予他人尊重和赞赏的领导者。赫塞尔本分享了一个具体事件以说明穆拉利的个性特点。赫塞尔本在西点军校担任过为期两年的领导力研究主席，每两个月教授一个有着 24 名学员的班级。赫塞尔本想到，如果每次上课都能邀请一位她心目中有思想的卓越领导者参与讨论，学员们一定受益匪浅。于是，她邀请穆拉利成为她的演讲嘉宾之一。

赫塞尔本回忆道，那天，在介绍穆拉利时她说："他是一位伟大的美国企业领袖，领导了福特汽车公司变革的成功。"穆拉利看着学生们,非常严肃地说:"我没有改变福特汽车公司,是福特人改变了福特汽车公司。"

西点军校的学员们爆发出欢呼声,穆拉利对自我介绍的更正,说明他将他的成功归功于他的员工。目睹这一幕的同学们因此而大受鼓舞。正是通过对他人的公开透明、真诚认可,领导者才能鼓励和激励人们采取有意义的行动。

## 生活即奉献

赫塞尔本认为,美国民主的维系得益于两个体系。一个是公立学校,在美国建国之初,公立学校就对所有的,尤其是对贫困地区和服务匮乏地区的孩子们发挥着巨大的作用。在社区、教师和资金的支持下,公立学校体系历经多年,不仅得以生存,还在不断地改善。另一个支撑美国民主体系的是美国军队,正是由于士兵们的奉献和努力,牺牲了自己的时间(甚至是生命)为国家服务,国家才得以生存与繁荣。

在赫塞尔本的眼中,"生活即奉献"。我们必须一直寻求机会服务和帮助他人。亦因此,赫塞尔本认为,即使是抗议者的观点也应该得到尊重。

"无论你是站着、坐着还是躺着,我们都必须对抗议者

# 第 1 章
专注使命

们说,'我们很重视你们的感受',"赫塞尔本继而说:"我认为对所有人的尊重是最有力量的信息。"

正是这种不管任何差异,对他人的基本尊重创造了一个包容的环境,一个团结而非疏远的环境。

## 光明的未来

赫塞尔本认为,虽然我们的社会在多样性和包容性方面取得了很大的进步,但还远远不够,需要做的还有很多。领导者需要确保他们想要吸引和留住的那些人能够在组织中找到自己的定位,能够从董事会、领导者和雇员的角色中发现自己的天赋,而这就意味他们必须具有不同的观点和多样的背景。

虽然仍有改进的空间,但赫塞尔本还是感受到了光明的未来。研究表明,与自那以后的任何一代相比,千禧一代更像 20 世纪 30 年代和 40 年代出生的人。那个时代的人被称为"最伟大的一代",这让赫塞尔本对未来和最终将引领国家的年轻人充满期待。

她列举了这样一个具体事件:匹兹堡大学赫塞尔本全球学生领导与公民参与学院的几位千禧一代学员,在赫塞尔本发出邀请学生们参观她的办公室的信息后,受邀学生便预订了第二天最早的一班航班,以便他们有一整天的时间在纽约度过。得知此事的赫塞尔本和她的团队立马就决定放弃原有计划,把那天的时间全部空出来留给一大早前来的青年们。

"你知道,当下的千禧一代,无论是美国的还是其他国家的,他们都充满活力,他们在全世界做志愿者的方式真是太美、太不可思议了。因此,我将'光明的未来'作为我的战斗口号。"

带着对有效领导力这样的洞察,赫塞尔本向我们展示了使命驱动结果的意义,因为"没有使命的结果索然无味"。领导力源于我们每个人的内在,正是源自我们内心的使命感推动着我们走向更加富有成效的明天。

\* \* \* \* \* \*

第 1 章
专注使命

## 领导力作业园地

当你反思赫塞尔本的智慧时,想想你作为领导者的责任,并回答赫塞尔本与德鲁克一道发展出的五个最重要的问题:

- 你的使命是什么?

- 谁是你的顾客?

- 你的顾客看重的价值是什么?

- 你要的富有成效的结果是什么?

- 你的计划是什么?

# 第 2 章
# 善用你的核心价值观

**南希·辛格**

如果你的接受能力是关于特定任务所需具备的知识、经验和技能这一前提的话,那么,就培养全球领导者这一特定任务而言,南希·辛格无疑值得推荐。她一直是一个前沿学习精英小组的成员,在完成辉煌的职业之旅后,近期从制药行业退休,并以执行教练、导师和咨询顾问的身份继续为促进有效领导实践贡献余生。

辛格遵循的指导原则是:忠于自己的核心价值观。辛格是领导力理论、领导力实践、领导力转化和领导力影响的终身学习者。她也有意识地打造了这样的职业路径,通过角色的轮换,系统化地把销售、市场和人事管理等运营岗位与学习、培训和变革管理结合起来。她在大型的、全球性的、行业领先的企业所积累的经验,以及在基层组织的工作经历,让她更能够理解那些刚刚起步的公司的疾苦。

作为一家制药公司的员工,辛格筹建了销售培训部门。从为所有的专业销售代表设计新的培训计划,到为创始董事开设领导力论坛,可谓一砖一瓦都是自己动手。

# 第 2 章
## 善用你的核心价值观

此外,辛格还从零开始创建了全国呼叫中心。正是这一与生俱来的创造力为她提供的独特机会,让她在这家日后备受推崇的制药巨头企业留下了属于自己的浓墨重彩的印迹。

总的来说,在领导力培训岗位上的多次轮转,使她有机会沉浸在学习和探索领导力结构以及有效提升领导力的方法论上。因此,可以说,在领导力发展领域,她的专业度和知识深度都可媲美百科全书。

再加上作为基层经理和企业高管的经历,让她有机会在整个职业生涯发展的过程中很好地将理论付诸实践。同时,也将自己塑造成一位可以信赖、能够实现目标、引领员工投入的领导者。让我们来看这样一个例子:倘若让人们回忆在领导生涯中最为尴尬的时刻,答案肯定五花八门。不过,有一个事例你一定会经常听到,即:一次重大的晋升。你面试了一个重要职位……并且最终得到了它……但是你将要管理的是与你一道面试同一位置但没有成功的人。

在这种情况下,大多数人想出的办法是通过一两次艰难的谈话予以应对,反正在新岗位或新角色上免不了跟跄而行,一时的混乱也在意料之中。但秉持诚实开放沟通、积极寻求反馈以及尊重他人为核心价值观的辛格,采用的方式却是将谈话转化成与个人相关的能量源,促进学习型专业团队的拓展上,比如,应由谁来持续推动、设计和开发课程,或为各个级别的领导者提供全球化的、世界一流的培训课程等。

多年来,辛格一直致力于提高自己进行勇敢对话的能力——这是我们大多数人会找各种借口能免则免的对话。在保持个人"完整"的同时,向对方提供坦率和客观的反馈,这一技巧使她的团队的行为和绩效都发生了突破性的变化。这些变化对成员的生产力、士气和留存率又产生了直接、积极的影响。她还非常愿意花时间指导年轻的管理者,帮助他们打磨和提高这项技能。

除此之外,女性领导者在辛格的心中也有着特殊的位置。在她成长的年代,很少有女性能够成为领导榜样。女性努力地争取"在餐桌上有一席之地",但最终如愿以偿时,却往往发现自己处于相对孤立的境地。因此,她在方方面面都以为未来女性领导者开辟道路为使命,确保她们获得平等以及充足的资源和支持。

\*\*\*\*\*\*

**核心价值观如同我们每个人的北极星。**

——南希·辛格

# 第 2 章
## 善用你的核心价值观

## 基于价值观的领导力

我们每个人其实都被影响着我们的行为、选择和生活方向的独特的价值观所驱动。这些原则也是我们领导力的基础,个人价值观与领导者目标的相辅相成,将成为我们在职业生涯中遭遇挑战时坚定的指导原则。

辛格领导力集团的创始人兼首席执行官南希·辛格表示:"核心价值观如同我们每个人的北极星。"她说:"当我们走到人生的岔路口时,它会指导我们做出每一个需要做出的决定。"只有知道自己最终想要什么,才能更好地评估机会,以及遇到冲突时懂得如何应对。

我们的价值观使我们成为独立的个体,让我们始终专注在重要的事情上。若我们的个人价值观能够与我们的领导策略相融合,那么,我们与员工、同事甚至与自身便可以建立更真实的链接。

## 动力与野心

辛格说:"无论你的意图是什么,领导力的关键在于别人如何看待你,以及他们是否愿意追随你。"没有人生来就是领袖,要想成为一名杰出的领导者,你需要有动力、野心,以及愿意接受反馈并改变自己的行为。辛格着实花了一些时间才意识到,领导者并不一定是站在舞台中央发表鼓舞人心演讲的那个人,领导者可以在幕后甚至是场外影响结果。

辛格曾与默克集团公司[1]人力资源部的一位高级主管有过密切的合作,后者向她展示了与众不同的领导方式。这位被人们亲切地称为"和风细雨式"的管理者没有高级头衔,也不是经常站在舞台中央的那类人。然而,辛格却被她的信誉、影响力和做出改变的能力所打动。这也佐证了,影响结果的人大多站在幕后。

这次触动成为辛格生命中的一次重大转折,让她开始思考自己的领导风格必须也要做出改变。过去,她一直享受站在舞台中央、聚光灯下的自己。但如果她想从不同的角度影响和改变人们,自己首先要做出改变。也正是这一成功的改变成就了辛格,使其自此走上负责默克集团全球领导力发展的道路。

---

[1] 默克(Merck)集团公司:是一家全球领先的科技公司,其业务主要集中在医药健康、生命科学及电子科技行业。默克集团拥有约354年的历史。1668年,弗雷德里奇·杰考伯·默克在德国达姆施塔特成立的公司是默克家族公司的起源。——译者注

在辛格职业生涯的早期,收获了另一项宝贵经历:学习理解培养同僚间相互影响技巧的价值。卓越的领导者们都懂得要想获得成就,仅仅依靠直系下属是不够的,还要赢得更多人的信赖。而辛格总是对有动力和野心、敢于冒险与创新的人欣赏有加,但对于缺乏这些特质的人则耐心不够,有时甚至是彻底忽略这类人。但当她需要与这些人合作时,又会让自己非常地被动。

通过重新回归自己的核心价值,自我反思,以及敞开心扉听取那些睿智而体贴的经理人们对她的反馈,她增强了与同僚之间的人际交往能力。结果,不仅是辛格的职业关系网得到了扩展,同事们也从改善的关系中获益。

## 女性领导力发展

作为默克集团全球领导力发展的高级主管,辛格开发了许多提高全公司员工技能和敬业度的旗舰项目。特别值得一提的是,辛格应一同事的要求,制订出一项旨在增加公司领导层中女性人数的计划。当时,公司的大多数高级职位都由男性担任。

为了更好地理解为什么领导者主要是男性,辛格和她的团队进行了彻底的分析。研究结果显示,女性对做出招聘决定的男性来说相对陌生。换句话说，女性没有像她们的男同事那样建立起自己的人际网络或树立自己的品牌，她们还需要其他人的帮助来增加信心和高管气质。

为了完成增加女性领导职位占比的承诺，辛格和她的团队决定与西蒙斯大学商学院合作，共同开发一个女性领导力发展项目[一]。

该项目的课程包括自我品牌、社交、影响力和帮助女性培养更多的自我觉知，是围绕女性员工未能在默克集团获得晋升的主要原因而设置的。辛格主张男性同事也参与到项目中来，因为"女性需要和男性一起工作，男性也同样需要和女性一起工作"。辛格说："我非常希望通过让男性参与和了解这个项目，从而更好地帮助女性打开职业发展的大门。"

每期课程都会邀请4~5名男同事前来聆听女性员工的经历。在课上，每位女性都会分享她们的领导历程以及所遇到的挑战，男性参与者被要求不要解决问题，只是负责聆听。到了晚上，班级会被分成不同的小组，每个小组由一名男同事和她们共进晚餐，讨论在公司中与女性相关的

---

[一] 西蒙斯大学商学院（Simmons College）：成立于1973年，专门培养女性职业经理人，致力于发展女性商业人才的领导才能和管理能力。——译者注

问题，以及他们如何引领改变。在这些男同事的支持下，小型项目和倡议被确定并得到实施，与女性经验相关的文化慢慢发生了改变。

为期两天的沉浸式体验有助于提高对女性问题的觉察和认知，在参与者和高管之间孕育出新的关系，从而增加男性高管对潜在女性高管接班人的亲切感和熟悉程度。

该计划已经实施了十数年之久，为女性担任领导职务的增加做出了卓越的贡献。尽管在建立更为均衡的领导团队方面仍有许多进步空间，但该项目已经帮助默克集团缩小了性别差距，令更多的女性进入高管行列甚至是核心管理层。

## 领导力的未来

辛格相信，随着虚拟办公不断增长的趋势，打造高效和敏捷的团队将成为企业制胜的关键。辛格指出："从历史上看，任何行业或公司，无论大小，几乎大部分工作都是通过团队才能完成的。但不幸的是，很多公司为了'快速前进'，往往忽略了前期对团队动力和基本运营指引的关注。事实上，这种做法反而欲速则不达。"

辛格认为，高效团队的打造，重中之重是在团队形成之初或新员工入职培训之时的投入。新成员间彼此了解，就团队的类型、相互间的行为模式、沟通和会议的方式、决策的流程、冲突的解决等方面展开讨论和达成规范。忽视这些必要的前期磨合，会导致团队面临陷入困境的风险，障碍难以克服，无法解决对参与和结果有影响的人们之间产生的自然冲突。工作应该是有趣的，但它不是自然发生的，需要我们有意为之。

未来，企业对高效运作团队的需求将大大增加。随着未来的工作环境越来越受到技术发展和员工地理分布的影响，未来的领导者将需要在数字空间里进行远程联系、发挥影响和激励团队。如果组织没有投入足够的时间或资源来发展和提升可塑性强的团队，就有可能失去真正的竞争优势。

随着商业世界的不断发展，领导者必须保持弹性，适应变化。通过发挥核心价值观的作用，领导者有能力与他人建立联系，共同应对不可预见的挑战——无论是当下还是将来。

第 2 章
善用你的核心价值观

\* \* \* \* \* \*

## 领导力作业园地

列出你的核心价值观。

- 根据你的价值观创建一份北极星声明。

- 作为领导者,你希望别人如何看待你?

- 你想为你的团队和同事创造什么样的工作环境?为什么?

- 你希望通过你的工作取得什么样的成果?

- 确定你的发展目标。

- 确定你可以采取的具体行动,以弥合当前状态和理想状态之间的差距,将其反映在你的北极星声明中,每隔几个月回顾你的进展。

# 第 3 章
# 设定基调

## 帕特里克·斯托克斯

我们做过这样的设想,就是本书采访的一些人你是知道的,甚至你已经读过他们的一些文章。但我们也做了其他的设想,就是帕特里克·斯托克斯不在这些人中。既然是设想,那不妨更大胆一些,也许正是在你人生的某个地方,由于有一个像"帕特里克·斯托克斯式"人物的出现,塑造和改变了你人生的方向。

斯托克斯是北卡罗来纳州梅宾市东阿拉曼斯高中的一名历史老师兼橄榄球教练。当被问及他 15 年的工作历程影响了多少个孩子时,他愣了一下,很明显,这个问题不在他的预料之中,也从未曾考虑过。想了一会儿,他回答道:"我想……应该有几千名吧。"

就在他给出答案的同时,你会发现自己脑子里也有个声音在问:那么,有多少像斯托克斯一样的老师和教练,在悄悄且有效地影响着孩子们的方向呢?

你得到的答案是:谢天谢地,还有不少。但遗憾的是……还远远不够!

# 第 3 章
## 设定基调

此外,当你问大多数人为什么他们会结束"做他们正在做的工作"时,你得到的经常是突显出一系列偶发因素的答案:"就是莫名地开始也莫名地结束。然后,我又干了另外一个工作一段时间,但发现这份工作也不是我真正喜欢的。所以,又选择了其他的,好像这个工作自己还挺喜欢的。就对自己说:'那就看看事情会如何发展吧!'"

但斯托克斯则不同!他眼中那明确无误的激情告诉你,一个确切知道自己究竟想要什么的时刻,发生在他的 15 岁。在取得一场意义重大的胜利之后,他和几十名队友在更衣室里活蹦乱跳,以这样的方式向教练致敬。他们的教练是一个刚正不阿、公正坚定的榜样,教会了他们很多重要的关于生活的经验与教训:

- 努力工作,做出牺牲;
- 重要的是有宗旨、目标,或某种值得倾力而为、聚焦专注的目的;
- 肝胆相照的同志友谊和同心协力的共同担责会迸发出巨大的力量、蕴藏着无限的潜力;
- 当你完成某个重要目标,让世界上那些最关心你的人无比自豪时,你所感受到的那种无拘无束的、毋庸置疑的纯粹快乐,就是那一刻,就是在那里!

就在那个时刻,斯托克斯明白了,他的渴望就是帮助孩子们有一天能感受到那个时刻的纯粹快乐。

因此，斯托克斯选择了历史老师和橄榄球教练作为他的职业。每一年，他都是学院最为积极的一分子，欢迎大约300名14岁的学生。这些孩子们在阿拉曼斯县的学习期间将发生不可估量的变化，因为，你可以确信的是，斯托克斯是会尽其所能帮助和引导这些变化发生的教师和教练。他会告诉你他是如何"观察孩子们"的：他们该如何融入令人不安的新环境；他们该如何与成功为伍，又该如何面对挫折；他们如何帮助（或不帮助）那些天赋或运气不如自己的孩子们。斯托克斯正是通过这样有意识地但又保持一定距离地观察孩子们的方式，来陪伴和帮助他们成长。

当然，每一年，毕业典礼的举行是必不可少的。300多名18岁左右的年轻人，头戴毕业礼帽，身着毕业长袍，鱼贯走过舞台，走向未知的未来。你不禁会想，那些有机会受到斯托克斯影响的孩子们，是多么幸运能够对未来的准备如此充分。就算在当时，有些人，甚至可能是很多人，还完全没有意识到这一点。

\* \* \* \* \* \*

> 倘若你没有一个适合的体系，
> 等于你什么都没有。
>
> —— 帕特里克·斯托克斯

# 第 3 章
## 设定基调

## 一切从规则开始

无论在商业、政治、教练还是教学领域，我们都在寻找共同的东西，那就是：爱、激情和领导力。

即使是领导者，也在不断寻找领导力或某种方向的表象。作为北卡罗来纳州一名经验丰富的高中历史教师和橄榄球教练，帕特里克·斯托克斯认识到在球场内外制订计划的重要性。

斯托克斯说："倘若你没有一个适合的体系，等于你什么都没有。"当他还是一名年轻教师的时候，斯托克斯就懂得通过创建一个能够被严格遵守的规则框架来设定基调的价值。"如果没有精密的计划，就不会有清晰的框架和规则，那么势必，人们会本能地去检验自己的边界。领导者必须清晰地诠释出一套核心价值观，让那些有悖这些准则的人承担起应负的责任。当然，随着时间的推移，当你越来越了解与你一道工作的人的时候，便可以根据他们的性格做出个性化的调整。但是，首先，你必须维护好你所代表的东西的完整性。"斯托克斯说。

## 奠定基础

斯托克斯第一次品尝到领导力的滋味是从他的高中橄榄球教练身上。斯托克斯14岁那年的夏天,也就是他上高中前的那个暑假,他回忆道:本赛季第一次的球队会议,他迟到了5分钟。教练看到他进来后便停止讲话,请他坐到会议室外面去,因为会议已经开始了。

斯托克斯在走廊里坐了一个小时,忐忑不安地等待着教练对他的处理结果。教练严肃地告诉他准时的重要性,以及对迟到的零容忍。作为惩罚,在训练开始前斯托克斯先跑了很多圈。从此,他再也没有忘记过守时的重要性。

那一次的处罚不仅对斯托克斯个人,也对整个团队敲响了警钟。教练通过对迟到实行的零容忍政策,以及因迟到对斯托克斯做出的惩罚,为球队定下了基本规则,成功地塑造了球队成员的心态。作为教练,就是要创造一个让每个球员都需准时到场并随时准备出战的环境。球员之间无一例外,都对彼此负责,都需尽自己最大的水平发挥能力。这一策略非常奏效,在高中最后一年斯托克斯的教练带领球队取得了巨大的成绩。

# 第 3 章
## 设定基调

无论种族、性别、金钱、地位或观点，拥有共同目标会让多样化的群体团结一致，因为每个人来到这里都是出于相同的原因。在赛场上，差异并不重要，重要的是赢得比赛，这是所有人的共同目标。

因此，为了取得成功，领导者必须制定一个适合的规则以有效领导人们。对斯托克斯而言，他的领导力准则为以下三条：

1. 做正确的事。
2. 充分利用我们所得到的机会。
3. 互相尊重和互相爱护。

"如果你遵循这三条准则，剩下的事情自己就会迎刃而解。"斯托克斯说。正是这些规则为他的学生和运动员们做出所需的正确决策和取得成功奠定了基础。

## 服务型领导者

"成为一名领导者并不意味着你就是老板，它只是意味着你在帮助别人。领导者可以是任何人：一个主动帮助他人的孩子；一位鼓励孩子的母亲；一个为陌生人开门的人。"斯托克斯解释说。

成为老师和教练的关键还是心中的服务意识。无论是为孩子提供教育，还是在球场上帮助孩子们塑造个性，无非都是在向学生和家长们兜售产品。人们对老师和教练的期望就是他们能够提供最好的产品。

为成功地帮助他人成长，领导者必须懂得如何与人沟通。每个人对接纳和爱的感受都是独特的。对一些人来说，礼物或善意的话语能引起良好的共鸣；而另一些人则能从有力的握手中感受到价值；对某些人来说，相互真诚地击掌可能比说100句积极鼓励的话更加有用。知道如何与人沟通能让你成为一名更好的领导者，这是建立信任必不可少的过程，唯有如此，你才能够带领人们去到他们想去的地方。

为他人服务是斯托克斯的核心驱动力。"如果这种驱动力不是自然而然发自内心，势必会滋生很多问题。"斯托克斯解释道。缺乏驱动力会影响一个人的表现，并最终导致糟糕的效果和结果。在工作中寻找激情和目标是保持动机和动力的关键。

虽然从赚钱的角度来说，教学和教练工作可能并不那么吸引人，但这个岗位赋予的是帮助他人成功的成就感。要想真正有效地影响他人，领导者必须把自己的期望和自身利益放在一边，专注于辅助他人成功。时间对老师是最好也是最坏的礼物，斯托克斯继续说道："每年都会有一批新的孩子入学。虽然老师和教练有 4 年的时间来培养这些孩子，且尽己所能，但不可能让所有的孩子都学有所成。所以，尽管这可能令人失望，但你却不能因此气馁。"

和公司与企业一样，老师和教练也有利益相关者，就是孩子们的父母。满足父母的期望是一个不小的挑战，因为每个父母都想为自己的孩子争取最好的机会。每个孩子都期望上场，每个人都想成为焦点，父母亦对他们的孩子充满期待。当这种情况发生时，教练必须向家长重申球队的规则，如果他们不认同这些规则，那么他们的孩子就没有必要参加比赛。这可能不是家长想听到的，但最终，教练必须去做对团队最正确的事。

斯托克斯相信，最重要的是团队。单靠某个运动员赢不了比赛。需要整个团队的奉献和承诺才能取得成功。每个人都需要表现出朝着目标努力的动力，无一例外。即使那些表现出高度承诺和担当，以及有潜力成为"超级明星"的人也不能免于遵守这些规则。斯托克斯解释说："不能因为你的天赋，就可以得到免罪金牌。"只有让孩子们时刻秉持上述三条准则，才能在挑战出现的时候指引他们。

## 伟大领袖们的榜样力量

作为一名历史老师,在寻找领导灵感时,斯托克斯很自然地会联想到历史上那些表现出令人钦佩的行为和品质的领袖们。在他的脑海中,西奥多·罗斯福就是这样一位激情四射、魅力十足和具有冒险精神的人物。虽然西奥多·罗斯福同时具有一些负面的特质,但其冒险精神和人格魅力足以让斯托克斯钦佩。

"西奥多的远房表亲富兰克林·罗斯福也是人格魅力最好的例证。"斯托克斯说。富兰克林·罗斯福患有小儿麻痹症,需坐轮椅出行。面对生活中诸多逆境,面对美国有可能的最大的经济灾难,罗斯福仍然坚信,"我们唯一的恐惧,就是恐惧本身"。他不只是被动地相信,他还制订了清晰的计划,在其成为美国总统后上任的头 100 天里,他做出的事情比任何一位总统在履职期间做的都要多。

令斯托克斯钦佩的人还包括第一任美国总统乔治·华盛顿,他不仅是一位军事领袖,更是一位出色的人事组织管理者。乔治·华盛顿管理团队的方式让斯托克斯惊叹不已,当你坐下来静思历史,你会发现,华盛顿时代管理的都是美国最为伟大的领导者们。他的内阁中有非常多的很有影响力的领导人物，如詹姆斯·麦迪逊、托马斯·杰斐逊、亚历山大·汉密尔顿和约翰·亚当斯。

让斯托克斯钦佩的还有他历史书中的无数领导者，像贝蒂·弗里丹、格洛丽亚·斯泰纳姆和约翰·刘易斯这些具备勇气的领袖们，他们愿意为了完成他们认为正确的事情，不惜撼动国家的根基。"要做正确的事情，他们不只是说说而已。"斯托克斯说。"他们为之奋斗，与之共存，是切实的实干家。"

斯托克斯或许并不赞同这些历史领袖们的所有行动，但这不是重点。这些人在反对派面前表现得非常体面，他们有能力和勇气，在混沌中制订出清晰的计划，也能够把人们凝聚在一起。

## 成功是经营出来的

斯托克斯并不会因胜利而沉浸在喜悦之中，会经常停下脚步享受生活。在他的眼里成功与失败同等重要，他总是在积极思考和反思让事情可以更进一步变得更好的方法。

"说到底，那不过是一场球赛。"斯托克斯说。"对学生们或你自己的孩子而言，影响力就是一瞬间的事，你不可能有机会在明天表达感情。"

为人父母须肩负权衡的责任，很多决定取决于那个当下，你在多大程度上设身处地。有时，孩子们需要你的介入和支持；有时，他们只需要你作为旁观者，让他们自己处理自己的事情；有时，孩子们需要严厉的爱；有时，他们需要的是理解和同情。

"你不知道如何才能做最好的父母，但你必须时刻准备好，在那一刻做出最佳的决定。"斯托克斯说。"否则，你会失败，会错过他们的成长。"

成功来之不易。作为领导者（家长、老师、教练等），你必须坚守你所秉持的核心价值观。斯托克斯就是这样做的，在他的生活中永远有三条需遵循的准则：做正确的事、充分利用我们所得到的机会、互相尊重和互相爱护。

斯托克斯作为一名成功的高中橄榄球教练已经有15个年头，在此期间他至少带队赢得了10场常规比赛。尽管取得了成功，但他仍然脚踏实地，知道所有的事情并非永恒不变。他不在乎头衔或地位，也不追逐名利和金钱，而只想利用好目前拥有的一切把事情做到最好。他不会安定或自满，而会审时度势，决定哪里是最需要他的地方。对于斯托克斯来说，他追求的是在需要他的地方做正确的事。

第 3 章
设定基调

\* \* \* \* \* \*

## 领导力作业园地

- 你是在多大的时候知道自己的职业理想的?

- 是什么因素促成了这个决定?

- 根据你的经验,激情和目的之间的关系是什么?动机和驱动力之间的关系又是什么?

- 请具体说明,你会用什么样的方式感谢或认可你的社区或过去的时光中有像帕特里克·斯托克斯这样的老师或教练?

# 第 4 章

# 虚己者,进德之基

> **吉姆·金勇**
>
> 领导者是天生的还是后天可培养的,长期以来一直存在激烈的争论。对这个问题,通常有以下不同的解释:
>
> - 领导者是否具有某些与生俱来的、区别于其他人的特征或特质?或者是……
> - 领导力是可以分解成相互依存的特质,并不断练习和提高的技能吗?
>
> 经过仔细思考,对这些问题的回答,不出所料,我们给出的建议都是"是的"。我们可以从出生于韩国的吉姆·金勇博士身上一窥究竟。金勇博士是著名的内科医生和人类学家,除了很多的社会职务外,他还担任过世界银行的第十二任行长。2013 年,被《福布斯》杂志列为全球最具影响力的人之一。而他的才华,在他很小的时候就开始在众人面前显露。
>
> 金勇博士 5 岁时移民美国,在艾奥瓦州一个名叫马斯卡廷的小镇长大。他是高中毕业典礼上的毕业生代表和班级主席,还是足球队的四分卫和篮球队的控球后卫。他以优异的

## 第 4 章
### 虚己者，进德之基

成绩毕业于布朗大学，获得人类生物学学士学位后，他继续深造，在哈佛大学获得了人类学博士和医学博士双学位。他在学术期刊上发表过许多文章，对其主要专长领域（包括结核病和艾滋病毒在内的传染病）予以论述。此外，他还在几个全球性的卫生政策委员会担任主席。

当你具备了这样的学术背景和研究基础，再加上已被证明的能够处理复杂问题的能力，如此与众不同的你会追求什么样的挑战？金勇博士的选择是，攻克在公共卫生领域很少有人解决的难题：发展中国家主要的流行病，如耐药性结核病、艾滋病和埃博拉等。对这些重大流行病学的研究，促使他在1987年与其他几位才华横溢的合作伙伴共同成立了"健康伙伴"（PIH）国际健康组织。

"健康伙伴"以一种激进的、创新的和变革性的方法，率先在海地以社区为中心开展重点医疗保健工作。旨在通过培养大量训练有素的社区卫生工作者，来治疗耐药结核病等复杂病症。今天的"健康伙伴"已经拥有超过13000名员工，为拉丁美洲和非洲等的12个发展中国家的病患提供服务。

不出所料，今天，人们对听取他的忠告的需求日益强烈。尤其是他将解决新型冠状病毒视为人类"千年一遇的挑战"后，人们真正开始欣赏他作为全球领导者的价值所在。他用一种既带给人类希望又为人类的未来指明方向的方式，提出了制衡极其复杂病毒变异所引发的破坏性混乱的解决方案。

> 可以肯定地说，金勇博士已经影响了全世界数百万的人。他是一个天赋异禀的特殊人物吗？绝对是！他的旅程中，是否有一些元素可以帮助我们其他人打开梦想的天窗，并将这一愿景付诸行动，让世界因此变得更美好呢？毋庸置疑！

✼ ✼ ✼ ✼ ✼ ✼

领导力就是与一群人一起工作，帮助他们做一些原本不可能做到的事情。

——吉姆·金勇

# 第4章
## 虚己者，进德之基

### 一人行速，众人行远

长期以来，商界与学术界的领袖通常都认为学术是工业的对立面。虽然，当今世界，企业与大学之间的合作空前繁荣，但象牙塔留给人们的学究刻板印象，和经商者必自私自利的旧识依然存在。

其实，学术和商业有界限之分绝对是一种错觉。相反，这两个世界之间存在着至关重要的协同作用。医学博士、人类学博士吉姆·金勇深知这一点。他漫长而多变的职业生涯的各个阶段是在不同环境下度过的，他在人类学方面的研究经历，以及作为常春藤大学教授和达特茅斯学院校长的背景，直接影响了他对如何在商业环境中取得成功的思考。

目前在一家私募股权投资公司担任副总裁兼合伙人的金勇教授回忆说，他当时正在研究人类文明的起源，我经常想："是什么让最早的人类在动物环伺的环境下幸存下来。"

他的答案也是他领导愿景的基础。他说："这种带领人们一起工作，以团队的形式完成个体无法完成的事情，就是身为领导者的要务。这也是人类之所以能够取得今天这样的成就最基本的特质。"

换句话说，领导力是人类在当今世界获得一席之地的关键——那是一个看似不可能的事情总是能以惊人的规律性得以实现的世界。

## 指明方向，规划路径

人类今天所面临的挑战虽然已大为不同，剑齿虎早已灭绝，但生存的风险依然很高。作为一个物种，我们的生存仍然取决于团队合作解决问题的能力，这一能力的建设与领导者的类型和素质直接相关。"毫无疑问，领导能力的不同造成的差异是巨大的。"金勇强调说。

领导者负有基于愿景确定组织方向的责任。金勇说："你为企业设定了一个宏大的愿景，并为它的实现设计出一套清晰明确、诚信尽责、是非明辨的原则。反过来，这些原则会推动组织中的人们的行为以及处理问题的方式。最终，你能够取得的成就，将远超于任何个人或小团体单打独斗所能达成的最大成就。"

虽然领导者可以通过多种方式激励他人帮助他们实现愿景，但对领导者而言，只有两个方向可以推动组织——朝着目标前进或背离企业目标。金勇解释道："新领导上任,要么组织会变得更好,要么变得更糟。很少有组织的继任者会沿着前任领导者的方向前行。"

## 说到做到,言行一致

领导者的任务之一是帮助他人做出行为改变,但这远远不够。领导者必须以身作则,树立能够实现愿景的行为典范,而非仅在口头上给予鼓励和支持。金勇回忆了对他最有影响力的领导榜样之一的艾伦·穆拉利,他就是以身作则的典范。

金勇用严于律己、才华横溢、富有同情心来形容穆拉利。他说:"也有很多人具备这些特质,但他们并没有将这些特质凝聚成一种真正引领改变的领导力。要做到这一点,领导者必须亲身展示他们希望别人做出改变的特质和行为。这不仅需要有强烈的帮助他人的渴望,还需要极度的自律。"

穆拉利被公认为是将福特汽车公司从一个平庸的企业转变为一个连续拥有近20个盈利季度的企业的功臣。他制订了一项雄心勃勃的名为"一个福特"的计划,该计划旨在让互不相干、相互竞争的利益集团在整个公司内开展合作。计划取得了巨大的成功,究其原因,金勇说:"因为,传说中那些伟大领袖所具有的所有特质，对穆拉利来说并不是说说而已，而是一丝不苟地躬身践行。他自己全身心地投入计划中，真诚且敬畏。"

领导者必须足够地自律，按照他们为实现愿景制定的规则和行为准则行事。"穆拉利（在福特汽车公司）所做的一切让我大为震惊。我学到的是，他必须严于律己，计划才能得以实现；他必须自己成为计划的核心才能让其发挥作用。"金勇如是说。

## 时刻保持状态

金勇记得在一次晚宴上，他问穆拉利最后能给他什么建议？穆拉利对金勇和另一位同事说："你们两个都拥有灿烂的笑容，好好利用它。"穆拉利继续说道："如果我此时皱着眉头走出福特汽车公司，你知道福特汽车公司的股票会怎么样吗？"他在暗示企业命运的兴衰会受到他心血来潮的面部表情的影响。

穆拉利深知领导者总是处在问题的漩涡之中。有时你会感到消极、恼怒甚至愤怒。但让自己的情绪和行为区分开来至关重要。"如果你真的在乎领导力，你必须明白，你的面部表情已经不再是你自己的了。"金勇说道。

第 4 章
虚己者，进德之基

身为领导者，有责任向组织表明："我是积极向上的、我相信我将使命必达、我喜欢我正在做的事业、我对你也有很大的信心。这是一个刚刚烙印在我灵魂深处的教训。"金勇解释道。

## 善用己之所长

从逻辑上讲，大多数人都在努力改善自己的弱点，试图在不擅长的方面也能够做得很好。但金勇发现了对他来说另外一种很有意义的观点。他说："我开始阅读有关领导力的文献，并思考如何成为一名更好的领导者。领导力是发挥你所擅长的方面，管理你所不擅长的。"这是他从唐纳德·克利夫顿○的《放飞你的优势》一书中获得的见解。

对领导者来说，平衡自身弱点的最好方法就是与能够弥补这些弱点的人共事。"这对我真的很有帮助。"金勇分享道。"我不擅长处理日常管理的细节。所以，我要确保找到一个我能够信任的、会关注细节的人，然后我就去做自己擅长的事情。"

---

○ 唐纳德·克利夫顿（Donald Clifton）：成功心理学创始人之一，美国盖洛普咨询公司名誉董事长。——译者注

1987—2003年金勇在"健康伙伴"担任执行董事期间被这一教训点醒了。"我永远不会忘记，当我看到临床医生走进房间时，患者的脸上燃起的希望。"虽然金勇也是一位富有同情心的临床医生和好老师，但他知道这些并不是他真正的强项。他说："我需要找寻那些让我全身投入、奋力一搏的挑战，只有这样，我才能够学习和成长。"从那时起，围绕着他在"健康伙伴"所要解决的问题，他开始对政策和更大的公共卫生问题产生兴趣。

这种新思维从此贯穿了金勇多种不同的职业——即为低收入者提供优先服务。"我想让大家知道，我找到了自己所致力于的事情。"金勇解释道。他发现，自己的使命不再是忠诚于某一个组织。他真正的使命要宏大得多——就是努力消除世界上的贫困，而他此后的职业生涯也让这一使命愈加清晰。

## 培养领导者

"识别领导者是一门艺术，你必须俯下身来、谦虚谨慎。"金勇说。没有对领导力进行过深度思考的领导者，往往会对选拔领导者，以及他们所需表现出的行为保有刻板的成见。"因此，你很有可能错过那位并不总在会议上发言

# 第 4 章
## 虚己者，进德之基

的安静的年轻女性，但她其实有着非凡的潜力能够激励和指导他人。"金勇指出。

金勇警告说："我们必须非常地谦虚，非常自觉地意识到，我们所形成的对领导者的认知很有可能深受媒体所左右。我们必须不断质疑自己对领导力所做的假设。"

对教练持开放态度是领导者们检验自己假设的另一种方式。"在培养领导者方面，我非常相信教练的意见。"金勇说。"即使这个人表现已经很好，我也会向他推荐领导力教练，以令他有更好的发展。"这也是辨别谁真正具有领导潜力的方法。"我认为领导力中最重要的部分是：人们已经准备好，并愿意在每一个新的挑战中变得更好。"

金勇对那些缺乏自我觉察的领导者提出警告，他建议："如果你缺乏对谦卑的基本承诺，不能够做到感同身受，也不能够理解他人希望被不同对待的需求，那就考虑做一些不需要领导力的事情。"

## 容人所不能容，忍人所不能忍

从世界卫生组织的裁员到达特茅斯学院的预算削减，金勇认识到，作为领导者，不会总是受欢迎，但他必须做他应该做的事情。"作为一个即将上任的校长，遇到最糟糕的事情莫过于把削减预算作为会议的第一项议程。"金勇说。"但我必须这么做，所以，我坚持这么做了，虽然这让我在教员中不受欢迎，可以说没有得到任何人的欢迎。"

领导一个组织意味着要全力以赴地去实现成功。也意味着需要放下个人的骄傲，做到少有人能做到的谦逊。这个理念是 2012—2019 年，金勇担任世界银行行长期间，他高管团队中的一位同僚以相当自嘲的方式告诉他的。当这位同事被问及接受 360 度评估后的感受是什么，他回答道："我学到了我必须能容人所不能容，忍人所不能忍"。这就是说想要成为一名优秀的领导者，你不可以为自己的谦卑程度设定界限。

金勇回忆起他践行这一理念的难忘时刻。当他刚到世界银行工作时，虽然受到了董事会的欢迎，但也被告知这将是他"最可怕的噩梦"之旅。在金勇的职业生涯中，他目睹了很多次其他的失误，比如与董事会发生冲突，或者试图绕过他们。也正是如此，金勇明白谦逊的重要，打起了个人的魅力牌。

"我带他们去吃韩国菜；一起唱卡拉 ok；花时间与他们单独相处；对董事会成员所做的许多好事大加赞扬。的确，不管他们是谁，来自哪里，我们总能找到他们身上一些值得我称赞的非凡之处，关键是，我愿意主动去发现这些。"

# 第 4 章
## 虚己者，进德之基

在世界银行任职期间金勇的收获是：如果你致力于组织目标，一定要尽一切努力实现它，尽管这意味着，很多时候你必须将自己置身于后。他说："如果你真的想成为一名伟大的领导者，你一定甘愿尽己可能采取谦逊之举。我那些失败的领导经历大多发生在我觉得忽视他人的感受或忽略谦逊行为也无所谓的时候。"

## 简单但深刻的教训

金勇回忆了他职业生涯早期在盖洛普领导力研究所参与的一个研究小组的工作。在该研究中，一组研究人员采访了表现出色的高层管理人员，并询问他们为什么离职。采访人员本以为得到的答案是关于薪酬或晋升，但事实并非如此，受访者一致表示："公司没有人在乎我"。

当然，当这些调研结果被带回给他们的主管的时候，他们的主管通常有着完全不同的看法，"这太不可思议了"，主管们惊讶地说。不过，主管们有如此的反应不足为奇，因为他们觉得这些人表现得那么好，根本不需要花时间和他或她在一起。

领导者不仅要关心目标和成就的实现，还要关心人。他们必须以员工能够理解的方式展示对人的重视。金勇再次提起穆拉利的影响力:"这是世界上最有成就的CEO,他会花时间了解看门人的名字,也知道每一位打扫地板的清洁工的名字,还知道在自助餐厅为我们服务的女服务员的名字。"

决策者不是领导者必须关注的唯一——甚至是最重要的人,员工才是。"我试图深入了解决策者是谁,以及工人是谁,同事是谁。他们想要什么?他们有什么利害关系?我是否对能够提升员工并发挥他们长处的领导力方式予以足够的关心和重视?"对金勇来说,这才是一个伟大领导者的核心。

※ ※ ※ ※ ※ ※

## 第 4 章
虚己者，进德之基

## 领导力作业园地

基于下面的陈述，根据自己的看法给每个问题打分：1-不确定；3-或许；5-肯定是。

- 我所领导的人们都知道他们自己的价值。

- 我领导的人们都知道我有多在乎他们。

- 明确你可以采取的具体行动，确保你所领导的人们了解他们的自身价值，并知道你有多关心他们。

- 作为领导者，你最大的优势是什么？

- 你会采取哪些行动来进一步利用这些优势，以提高自己有效影响他人的能力？

第 5 章

# 服务即生活

## 艾伦·穆拉利

在当今世界,艾伦·穆拉利是一个非常特别的存在。他拥有堪萨斯大学航空工程学位,为波音公司服务超过 37 年,造就了一段职业传奇。2006—2014 年,穆拉利担任福特汽车公司首席执行官,由此确定了他在领导力领域的非凡影响力。

穆拉利在福特的领导力之旅值得翔实记录。在上任之时,福特正处于异常困难的下滑期,当时公司的股价仅为每股 1 美元,与此同时,170 亿美元亏损的年报即将公布于众(这也是福特创建 103 年历史上最糟糕的一年),全球员工的投入度和低落的士气都真实地反映出企业的现实。

穆拉利上任后的第一个行动是构建一支具有凝聚力的高管团队。他要求大家以积极乐观的心态理解和应对目前的业务现实,围绕公司远大的愿景,团结一致,通过对全面战略的坚定实施来重塑企业。紧接着,他说服高管团队的 16 名成员每周开一次例会。在第一次会议上,穆拉利请团队里的成员完成以下两件事:

## 第5章
### 服务即生活

1. 确定他们实施愿景的战略和计划。
2. 用红、黄、绿的方法评估计划的进展。绿色：正按照计划进行，目前一切顺畅，预计能够实现目标；黄色：目前没有按照计划进行，但正朝着最终能够实现预期结果的方向发展；红色：目前没有按照计划进行，也不确定如何才能实现愿景，不过，正尝试制订更恰当的计划。

第一次会议的结果是什么呢？尽管公司的经营正处于极度的混乱之中，极可能交出破纪录的170亿美元亏损的业绩，但16名高管无一例外地全部给出了绿色的答案。鉴于迫在眉睫的现实，穆拉利鼓励团队"再做一次"。

最终，高管团队的一名成员展示了"红色"，坦率表明他对一个重大问题束手无策。

回想这一幕，穆拉利认为这可以说是福特转型过程中最为重要的时刻之一。作为对评估坦诚的回应，穆拉利站起来为这位高管鼓掌，祝贺他敢于公开承认问题的勇气，以及承认没有真正的解决办法。

穆拉利接着讲了一段很少有领导人有勇气在高管面前讲的话，"好吧……我们终于有了一个'红色'！最重要的是，我衷心感谢这样的坦诚！还有，承认没有策略应对……是可以接受的！现在，我还要郑重澄清，我个人对此也没有解决方案。但好消息是，福特有成千上万名非常聪明的员工，让我们开始着手，找到能够帮助解决这个问题的人"。

随后发生了什么？管理团队将他们的注意力全部转向了

问题本身,并确定了一名具有经验和专业知识的员工来帮助解决。就在这一夕之间,会议朝着积极的方向转变……接下来的一系列大胆而有效的决定,推动了福特历史上真正传奇的变革。

穆拉利于 2014 年退休时,他的员工支持率为 91%。根据我们的认知,这是前所未有的纪录。也就在那一年,福特盈利 72 亿美元,折合成利润,每位员工可分享约 9000 美元的奖金。

那么,我们能够从这位名垂青史的传奇领袖身上学到些什么呢?下面的章节将告诉你:非常非常多!

和所有其他的事情相比,领导者须善于利用事实与数据,为乐于奉献的人们创造一个透明的工作环境。穆拉利经常说:"成绩与数据会令我们轻松自由!"此外,领导力还关乎自律、节奏、坚韧和持续不断的修正。制定愿景并激励人们看到可见的未来是一项很重要的能力,但归根结底,要想成为一名优秀的领导者,你还需要创造一种"同心协力"的文化,具有坚定不移的执行力以及持续不断地制订出更好的计划的准备。

> **领导力是关于个人做人与行事所产生的积极影响力。**
>
> ——艾伦·穆拉利

## 工作就是让爱可见：服务即生活

艾伦·穆拉利年轻时的目标很朴素，给自己买一条李维斯牛仔裤和一双廉价的乐福鞋，或许还能买辆车，有朝一日还能去上个大学。今天，因带领濒临倒闭的汽车公司实现历史上最大的商业复兴，被誉为"拯救福特的人"而声名远扬的他，成功的秘诀是什么呢？穆拉利说："我被教导的、我所学到的，以及我所欣赏的，都是服务即生活。"

从挨家挨户送报纸到推销割草机，再到在迪龙斯⊖杂货店打包杂货，穆拉利发现，为他人提供称心如意的服务，同时自己也能得到报酬，不仅充满乐趣，也非常令人满足。一句"谢谢你"就能够让他人的生活因此而不同。正因如此，为他人服务的信条贯穿了穆拉利的整个职业生涯，成就了他在波音公司和福特汽车公司的辉煌。（他从一毕业就被波音公司聘用，后被任命为首席执行官、波音信息、空间和防务系统集团的总裁，以及福特汽车公司的首席执行官）。

服务既是穆拉利领导力的关键组成部分，也是他领导力遗产中重要的一部分。他将领导力定义为："让所有人以

---

⊖ 迪龙斯（Dillons）：一家美国连锁杂货店/超市，总部位于堪萨斯州哈钦森，是克罗格公司旗下的子公司。—— 译者注

服务他人为宗旨，朝着令人信服的愿景，同心协力地，令所有利益相关者获得更大的利益。"穆拉利说："哪怕只是很小的一部分，我也希望，我之所以能够被人们记住是因为我信奉服务他人的信条，以及所传递的'同心协力'的原则、实践和管理体系。"

## 先做人，再做事

弗朗西斯·赫塞尔本关于"先学会做人"的教导塑造了穆拉利对领导力的看法。"因为你是领导者，因此，你是怎样的人，会对周围的人产生很大的影响。"在穆拉利眼里，赫塞尔本就是这样："你在她身边，或者不在她的身边，你都不想让她失望。"一位有效领导者是那些能够激励人们出于渴望而尽最大努力，而非基于恐惧或义务的人。"作为领导者，你需要首先成为一个充满激情和值得他人学习的人。"他指出。

穆拉利建议，领导者应该通过自我反思和自我觉察，不断评估自己是一个什么样的人，又将如何影响周围的人。他解释说，领导者影响、帮助、指导和促进的能力很大程度上取决于这个领导者是什么样的人。"在你的能力和性格中，谦逊、爱心、服务和包容是如何体现的？"他问道。

"领导力就是你是个什么样的人,你会做什么以及你如何做,才会对你的领导效率和团队绩效产生最重要的影响。"穆拉利说。

## 为了更崇高的目标而"同心协力"

领导力在每个组织中都扮演着重要的角色。领导者把人们凝聚在一起,不仅围绕组织的愿景,而且围绕带领团队实现这一愿景的战略和计划。穆拉利解释道:"你越是了解领导力如何才能真正帮助组织完成更宏大的目标和目的,你就越能更好地协助每个人融入、参与并展现最好的自我。"

与人友好合作的能力能够帮助领导者适应快速变化的世界。穆拉利说,在如何与他人合作方面,他的父母起到了至关重要的作用。穆拉利回忆母亲给他的建议时说:"如果你学会与其他有才华的人一起工作,你为世界带来的将是更加重大而积极的变化。"

母亲的建议时刻萦绕在穆拉利心中。事实上,在拯救濒临破产的福特汽车公司的转型计划中,最重要的部分也就是对人的关注。而这一点是当时的福特汽车公司最为欠缺的,人们不愿意,甚至无法有效地相互合作。穆拉利回忆说:"因为很多时候学生们回不了家,我的父母总是邀请世界各地的大学生来参加感恩节和圣诞节的庆祝活动。因此，我有机会看到、体验和学习各种各样的思想和经历，那是一扇通向世界的窗户。"

正是这样的视野和格局，帮助穆拉利将福特汽车的各个派系团结在一起。他说："如果能够将团队凝聚起来，你就会发现，人们的共同之处要大于彼此的差异。我们就有机会决定是否需要为了更崇高的事业去放弃分歧，携手奋斗。"对于穆拉利来说，更崇高的事业不是制造世界上最好的飞机、汽车和卡车。它是关于安全、高效的交通，以及由此产生的同心协力。

## 培养觉察力

"至此之后，我更加明白领导力的重要，因为领导者真的可以带给企业很大的不同。"穆拉利回忆道。"经过福特汽车公司的战役，我有机会重新审视自己，亦因此，我更加致力于帮助他人提升领导能力。"觉察力是识别和培养新任领导者的关键。回溯"先学会做人"的理念，如果一个领导者不断践行自我觉察，对与他所打交道的每个人也有同样的觉察力，他就更能够看清后者所需持续提升领导力的地方究竟在哪里。

## 第5章
服务即生活

在此基础上,领导力提升就是将这些人置于一个可以获得领导经验、得到反馈、接受专业教练指导和教育的环境中。"每一个人都应该有一个属于自己的,有关领导力和同心协力的发展计划。提升领导力,不仅要利用好他们的领导力教练,还要学会借助团队成员的力量。"穆拉利指出,高管教练马歇尔·古德史密斯创建的以利益相关者为中心的教练㊀理念和方法论,是一个非常宝贵的工具,有助于制订持续改进的计划,提高领导者的效能。在以利益相关者为中心的教练过程中,除了领导力教练和教练伙伴之外,利益相关者们对领导力的改进程度也起到决定作用。

不仅要培养对人的觉察,也要培养对机会的觉察。穆拉利说:"我们每个人,在长大的过程中,以为只要跟着自己的心走,就能快速找到答案。"但那个年龄的我们,并不确切明白"跟着心走"究竟意味着什么。"但如果我们只是觉察,并不知道这些机会如何和我们服务他人的夙愿和最关心的事情相一致,我们需要的是持续遵循整个觉察的过程,寻求反馈,以及理解服务他人的机会究竟代表了什么?"

---

㊀ 以利益相关者为中心的教练(Stakeholder Centered Coaching):是由全球最负盛名的高管教练马歇尔·古德史密斯创建的独特教练方法。马歇尔主张:教练的效果既不是由教练来评估,也不是由被辅导者来评估,而是由被辅导者的利益相关者来评估。——译者注

## 这需要勇气

高效领导者非常清楚"文化"的重要性。文化包括用于实现组织目标的运营流程和组织中每个人必须遵守的预期行为。毕竟,只有在积极方向上的行为改变,才能够让一个组织最终朝着它的目标前进。领导者的责任就是设定、展示、培养和实施这些高效行为。不过,这需要勇气。

领导角色的独到之处在于,只有领导者才能让团队和所有利益相关者对所达成的"同心协力"的文化、流程和行为承担责任。领导者的贡献在于把大家团结起来,让所有人对既定的目标、目的和行为负责。并且,对违反任何一项都绝不容忍。穆拉利说:"让人们以积极的方式担负责任,同样也需要勇气。"

领导力取决于与人合作的能力,这可能会让我们情绪化、身陷混乱和面临尴尬,尤其是当某些人没有兑现他们自己承诺的文化和行为时。穆拉利讲述了与畅销书作家兼组织健康专家帕特里克·兰西奥尼的一次对话。兰西奥尼感叹与不遵守既定行为和流程的人对话的艰难,他将其视为一种牺牲,那些时刻总让他感到在现实中成为领导者的举步维艰。但穆拉利却不这样认为:"我从没想过这是一种牺牲。服务他人是我秉持的理念，对我来说，需要进行这样的对话并让人们团结在一起，共同进步，这是我必须面对的事情，我不觉得有任何问题。如果我不愿意向每个人学习，没有勇气和决心推动'同心协力'的文化、流程和行为，那么我不会在和人们的对话中感到舒适。"

## 向每个人学习

在真正理解什么是领导力之前，穆拉利就已经能够非常敏锐地觉察出他周围的领导人的行为。"我非常清楚人们对我的影响，"他说。他不断地观察他的父母、老师、教练和社区里的领袖们，他被这些人所表现出来的谦卑、友善、服务和包容深深吸引。他回忆道："我对领导者的观察远远不够。我尊重他们，想更多地了解他们，他们做了什么，以及他们是如何做的。"

观察和学习其他领导者不仅仅要通过积极的榜样。若仔细观察，我们不仅可以知道作为领导者的应该要效仿谁，还需要知道应该避免什么行为。穆拉利说："我从消极领导者的例子中学到的和从积极领导者的例子中学到的东西一样多。即使是那些只关心自己和股东价值的领导者们，我也能够从他们身上学到东西。"这一切都与穆拉利的"先做人，再做事"的核心理念相关。他说："这要追溯到你是谁，你为什么会这样，你做了什么，你是怎么做的。如果你能从每位领导者身上观察到这些，你将受益无穷。"

他表示："我对低效领导者的了解还不够，也不知道他们产生这些行为的根源在哪儿。"但有充分证据表明，每个人在公司里遇到的最大问题，也是最终会离开公司的首要原因，是因为他们的上司。在低效领导者手下工作，他的下属会"……被困在官僚机构中，精于政治，他们因害怕而混淆视听、隐瞒真相。"穆拉利解释说。领导者衡量自己效率的最佳方法之一是了解他人对自己的影响，同时也了解自己对他人的影响。"看着他们的眼睛。他们想与你并肩作战吗？他们想与你携手同行吗？他们感到被尊重了吗？他们觉得自己受到了赏识吗？"

## 领导者既是教练、领袖也是引导者

基于穆拉利的理念，领导者的独特作用就是将每个人团结在一起，围绕组织那令人信服的愿景，包括围绕实现该愿景的战略和计划全力以赴。只有领导者才能让每个人对"同心协力"的基本原则和在组织中人们如何对待彼此的实践负起责任。领导者不再是某个领域或项目的专家，领导者的角色已经转变为肩负教练和引导者的功能与规则的专家。

穆拉利说:"事实上,那些让你登上领导者位置的也许都不是你想发挥最大影响力的事情。然而,现在的你,已不再是任何一个领域的专家。现在的你的独特贡献就是把所有人团结在一起,让你自己、你的团队和所有利益相关者对既定的'同心协力'的运营流程、你所推行的预期行为和组织的结果负责,对违反其中任何一项都绝不容忍。"

当领导者能够履行这一独特职责时,你会发现你所在的组织一定是:搁置政治与纷争,为目标的实现全力以赴的智慧和健康的组织。组织里的每个人都清楚实现愿景所需的战略和计划,都知道需要他们特别关注的领域,每个人都在互相帮助以达成计划,且不断提出更好的改善计划,把评估出的红色变成黄色,再变成绿色。

## 为爱而奋斗

如果说穆拉利的领导力遗产还可以用除了"服务他人"以外的其他词语替代,那就是"*谦逊与爱*"。他说:"如果我能因为爱别人和关心别人而被人们记住,我会非常激动。"穆拉利从小就被母亲灌输去爱和被爱,这个顺序,就是他生活的目的。"领导者不要以自我为中心。"他说。"即使是我不赞同的人，我也会表现出喜欢，因为，我喜欢帮助人们团结一致，我享受能够向他们学习并成为他们的领袖的感觉。"

"同心协力"、引领他人、服务他人，都是关于人的，都是关于与人们在一起工作的。"好好爱他们。"穆拉利强调说。"我们是大自然的创造物，关于我们希望被怎样对待，以及怎样对待他人，我们都有基本的原则和做法。"他继续说道。领导者要去创建一个最大限度减少政治混乱，令所有参与者都能把自己最好的一面展示出来的智慧的、健康的、安全的组织，为实现令人向往的企业愿景共同奋斗。

领导者在组织里能够做得最值得尊敬的事情，就是把他们的领导力建立在清晰、公开和明确的计划的基础上。"把计划分享给每个人，告诉他们计划中的每个关键因素的状态；尊重他们、聆听他们、感激和包容他们；促进'同心协力'的原则、实践和管理体系的推行。"如此，企业里的每个人都知道计划，以及需要特别关注的领域。每个人都会相互成就、帮助，共同为所有利益相关者交付组织的目标和实现更为崇高的理想。从最底层的逻辑上理解，这就是爱。穆拉利说："当你以谦逊、爱和服务精神领导他人时，每个人都会欣赏和悦纳你。而且，领导者也能以最好的自己引领大家，你不觉得吗？"

\* \* \* \* \* \*

## 领导力作业园地

以下是穆拉利基于他在波音公司和福特汽车公司担任领导期间的直接经验发展出的"同心协力"的原则、实践和管理体系。

"同心协力"的原则、实践和管理体系

- 以人为本,爱他们。
- 凝聚所有人。
- 令人信服的愿景、全面的战略、不懈地实施。
- 明确的绩效目标。
- 一个计划。
- 事实与数据。
- 每个人都知道自己需要特别专注的计划、状态和领域。
- 以正向、积极、解决问题的态度提出的计划。
- 尊重、倾听、帮助和欣赏对方。
- 情感复原力——相信过程。
- 让工作充满乐趣,享受旅程、享受彼此。

**大师的领导课**
卓越领导者的实践心得

思考以下问题,找出至少三个你可以和团队成员一起采取的具体行动,以提高他们协同合作的能力:

- 确定一项以人为本……爱他们的具体行动。

- 确定一项你可以确保每个人都参与其中的具体行动。

- 确定一项你可以采取的具体行动,以实现令人信服的愿景、全面的战略和不懈地实施。

- 确定一项你可以采取有明确绩效目标的具体行动。

- 确定一项你可以采取有明确计划的具体行动。

- 确定一项你可以采取的基于事实与数据的具体行动。

- 确定一项你可以确保每个人都知道需要他们特别专注的计划、状态和领域的具体行动。

- 确定一项你可以以正向、积极、解决问题的态度提出计划的具体行动。

- 确定一项你可以尊重、倾听、帮助和欣赏对方的具体行动。

- 确定一项你可以恢复情绪——相信过程的具体行动。

- 确定一项你可以采取的让工作充满乐趣,享受旅程、享受彼此的具体行动。

- 确定三项你可以采取的以谦卑、爱和服务来展现领导力的具体行动。

- 确定三项你可以采取的以创建"同心协力"的文化,对违反运营流程和预期行为零容忍的具体行动。

## 第6章
# 敢于直言不讳

> **玛德琳·迪恩**
>
> 在领导力发展领域,对领导力本质的溯源一直存在旷日持久的争论:
>
> 领导者是天生的还是后天培养的?
>
> 更确切地说,领导力是一种随着年纪成熟而自然显现的天赋,还是哪些有着远大抱负和追求的人们通过学习、实践和发展得以获得的技能?虽然不同立场的争论还在继续,但大多数人采取的是概括为如下观点的中间立场:
>
> 伟大的领导者往往个性鲜明,在人们的记忆中,这些随时彰显的特质,令人印象深刻、记忆犹新。而领导者们一旦意识到自己拥有的天赋,便更加专注和投入在影响力的提升方面,不断从所有可利用的资源中学习,运用娴熟,发展成为真正的技能。
>
> 尽管我们遇到过很多人,但玛德琳·迪恩绝对称得上是以实际行动诠释以上定义最鲜活的例子!
>
> 作为鲍勃和玛丽·迪恩家中七个孩子之一的她,当被问

# 第 6 章
## 敢于直言不讳

及她的领导榜样时,玛德琳·迪恩以不容置疑的坚定语气脱口而出道:"我的父母。"这不由得让我们有一种想要一探究竟的强烈愿望:无论迪恩家族上一代发生了什么,都值得被记录和分享给大众。

在 18 岁成人后,玛德琳·迪恩选择进入政界。她先是为当地一家委员会服务,之后就读了拉萨尔学院,并以优异的成绩毕业。紧接着她考取了韦德纳大学,在那里获得了法律学位。在为宾夕法尼亚州议会议员乔·霍费尔的连任竞选工作时,遇到了自己的丈夫 PJ·库纳。随后,她边在拉萨尔学院从事法律工作和教授英语,边养育三个儿子。

随着孩子们长大,她的政治生涯也进入了如火如荼的上升期。2012 年她被选为乡议员不久便当选为州代表。不过,她讲述自己刚刚进入州议会的一幕时,不禁会让我们联想到自己在高中开学第一天时的经历:高年级学生走过我们的餐桌,告诫我们要排队,要知道自己的位置,除非被允许,否则不准开口说话!迪恩当选后,宾夕法尼亚州众议院的一些高级议员们纷纷前来祝贺,然后强烈建议她:"你什么都不要说……什么都不要做……看着我们就行。"不出所料,迪恩没有像高级议员们所期望的那样,她选择无视这些建议!

她积极投身于成瘾预防、平等权利和枪支暴力等的工作。在桑迪胡克枪击案㊀之后,她与匹兹堡众议员丹·弗兰克尔

---

㊀ 桑迪胡克枪击案:2012 年发生在美国康涅狄格州纽顿市的桑迪胡克小学的一次枪击事件,20 岁的凶手亚当·兰扎在枪杀了年龄六七岁的 20 名儿童及 6 名学校员工及教师后自杀。——译者注

共同创立了一个名为 PA SAFE 的预防枪支暴力小组。鉴于她在州议院任期内所取得的种种成就，2018 年，她当选为美国国会议员（作为宾夕法尼亚州参与选举的四名女性之一，成为拱心石之州[一]历史上入住华盛顿仅有的七名女性代表之一）。

议员迪恩致力于预防枪支暴力、全民医疗保健、教育界与政府伦理责任等提案的实施，她还是每小时 15 美元最低时薪直言不讳的倡导者。与此同时，她还担任众议院司法委员会和金融服务委员会的成员及发言人。从下面的文章中，相信你很快就会了解到，迪恩确实是一位天生的领导者，但同时，她仍在不断提升自己的领导技能，以期为更多人带来福祉。

> 环境、同情心、爱心、热情和经验造就了领导力。
>
> ——玛德琳·迪恩

---

[一] 拱心石之州，宾夕法尼亚州的别称。——译者注

# 第6章
## 敢于直言不讳

### 领导语言艺术的影响力

想要成为一名伟大领袖的前提是拥有高尚的品格和正确的判断力。无论是表达观点还是看到不合理的事情，领导者都知道什么时候应该站出来，以果敢的语言施以影响。

作为美国国会议员的玛德琳·迪恩非常钦佩那些善用语言来鼓舞他人的领导者们。最具影响力的领导者们通常都是能够提出明智、振奋人心的论点，并激励人们采取行动的人。华盛顿是一个拥有镌刻着几十座最伟大的国家领导人那些美丽而有力的文字的纪念碑的特区，这些纪念碑时刻提醒着为公众服务的迪恩，要做一名有影响力的领导者。

语言修辞力是领导力重要的组成部分。领导者必须有意识地使用语言，并注意语言对他人造成的积极或消极的影响。

### 学习直言不讳

迪恩认为，直言不讳是优秀领导者的另一个标志。相比于挺身而出，视而不见肯定容易得多。但越是优秀的领导者越是敢于直面挑战、大声疾呼。迪恩是从父亲那里耳濡目染这些行为的。她的父亲是制药行业一位极具影响力的商业领袖,迪恩一生都在效仿父亲的行为。

她的父亲以研究和开发新疗法,新药物、新设备,以帮助人们过上更好的生活为使命。他秉持做正确的事,直面投诉或副作用,诚实以对、敢于直言。迪恩的父亲去世后,被他忠诚的雇员们称之为"企业的良知"。

迪恩说:"父亲无惧引领和创新,但若出现问题时,他绝不会沉默以对。"

我们的历史书中不乏在逆境中敢于发声的坚强领袖们。例如,鲍比·肯尼迪为贫困和被边缘化的人代言,展现出无畏和富有同情心的领导能力。他提醒人们,公务员就应该出于爱心和良好政策行事。马丁·路德·金是另一个伟大的例子,他那美丽、鼓舞人心的论点,推动着民权运动滚滚向前。

为了有效影响他人,领导者必须磨练自己的沟通技巧。关键不在于你说了什么,而在于你如何表达。在交流沟通时领导者们必须注意自己的肢体语言、语调和措辞。

## 采取行动

在强大领导影响力氛围下成长的迪恩,从小就表现出

## 第6章
敢于直言不讳

一定的领导潜力。十几岁的她喜欢在当地一家花店打工,赚点零用钱。当其他年轻人完成指定工作后站在一起闲聊时,迪恩就会去询问老板是否还有其他事情可做。"我记得,我总是很喜欢和热爱我的工作,总是想带头做得更多。"迪恩说。

尽管人们可以在很小的时候就表现出领导天赋,但迪恩并不认为每个人都是天生的领导者。"领导力是通过环境、同情心、爱心、热情和经验形成的。"迪恩说。"我认为真正的领导者是从失败中成长起来的。"

领导者们是那些善于将失败作为成功之母,视之为极佳学习机会的人。对迪恩来说,她学会了在失败中寻找灵感。虽然,作为国会的一名新生力量,迪恩对自己在任职期间未能在枪支暴力问题上做出更大的贡献感到失望;但作为一名新人,她与其他人共同创立了 PA SAFE 核心小组。

为此,迪恩还遭受到一名资深立法委员的斥责,说她没有资格组建团体,不知道自己的能力范围,但迪恩没有被其影响。

在她任职期间,管制枪支和枪支暴力的氛围在哈里斯堡⊖非常不利,这无疑阻碍了迪恩想要取得的进展。但迪恩不愿让挫折成为她的拦路虎,她用民权领袖约翰·刘易斯

---

⊖ 哈里斯堡:宾夕法尼亚州首府。——译者注

的话作为鼓励:"专注在难能可贵的事务上。不要气馁,不要灰心,把注意力放在重要的事情上。"

"我想向他学习。"迪恩说。"如果他的耐心、信心和乐观让他有所作为,那么,我也可以。"

## 女性领导者的挑战

迪恩对女性领导者们的未来充满了乐观与希望。在第116届国会中任职的女性人数创造了新纪录,参议院、众议院两院的女性议员接近四分之一,这一场让更多女性进入政界的运动令她深受鼓舞。

因为,在迪恩短短的任期里,她就是这些进步的亲证者。在宣誓进入哈里斯堡众议院的几周后,她便对一个由发薪日贷款游说团体正审议和推动的一项发薪日贷款法案,第一次发言予以反对。她被一种不可遏止的感觉所吞噬,督促她就这个问题发表自己的见解。于是,她加入了发言的队列,并发表了讲话。

虽然议长对她勇于表达对这个话题的强烈关注表示赞赏,但其还是告诉迪恩,她不适合讲话。并随后私下和她交流:"你是新进的议员,应该先坐下来,先听、先学。"

迪恩反驳道:"恕我直言,议长先生,我是由民众选出

# 第6章
## 敢于直言不讳

的，我的选民们并不是要看我在这里静坐两年。我的当选就是为了服务他们。"不顾议长多次要求她停止发言，迪恩继续在宾夕法尼亚州的议会上大声疾呼。

最终有一天，一名议员从楼上走下来对她说："你是我心中的英雄。"迪恩带着困惑的表情询问原因，他说："因为你勇于直言。"虽然议长说新进议员不应该急于表达，但他真正的意思是新进的女性不应该发声。

自此，议会的气氛发生了悄然的变化。虽然是朝着正确的方向在积极转变，但女性领导者需要面对和克服的挑战仍有许多。

"根据我的经验，和男性相比，人们更多地会根据我们说话的方式来评判女性。"迪恩说。"男人们可以大喊大叫、捶打桌子，还能声称自己有尊严。而女人若如此就会被认为太过尖锐。但我相信，女性若能持续发声，无视性别，一定会为自己赢得信誉。一次又一次，在委员会的会议上；一次又一次，在立法会的会议上；一次又一次，站在台上。由此赢得人们的信任和被平等对待。我有信心认为情况正在改变，让我们拭目以待。"

正是这种对变革的乐观态度让迪恩对未来充满希望。在未来，女性担任高层领导职位将不再令人惊讶。在未来，公众服务一定是一个性别平等的，一个重塑应有的善治道德的体系。

## 领导力作业园地

根据你作为领导者和跟随者的经验,你会遇到哪些阻碍你直言不讳的挑战?

在你现在的团队中找出三个成员:评估每个成员畅所欲言的舒适度,并按照以下等级给他们打分:1-从不说话;3-偶然发言;5-总是直言。

- 成员名称:
  你的评估:明确一个你可以采取的,积极影响此人在舒适氛围内愿意直言的行动。

- 成员名称:
  你的评估:明确一个你可以采取的,积极影响此人在舒适氛围内愿意直言的行动。

- 成员名称:
  你的评估:明确一个你可以采取的,积极影响此人在舒适氛围内愿意直言的行动。

# 第 7 章
# 服务他人

### 贾斯汀·摩根

如果不是因为改变的需要，人们也不会那么关注领导力。

即使你是第一次和贾斯汀·摩根坐在一起，也立马能感觉到他那与生俱来的聪明才智。不过他并不会有意炫耀、刻意彰显，抑或故意用他的智商水平贬低、挑衅他人，但他就是有一种轻松自如的能力，能够把脑子里异常复杂的事情，通过实操或者对话，毫不费力地解释清楚。当你折服于他的才华时，你的思绪或许会短暂地游离，想象他是你高中时的好友，他打电话给你说：

"嘿……咱们一起做些有趣的事情吧！"

虽然你很想去，但却说："伙计，我也想去，可是我得学习。"

他可能会说："哦……好吧……那没问题！"

然后你疯狂地学习（但他不会）。然而，到考试的时候，他得了全 A，而你，尽管非常勤奋但成绩还是不尽如人意。摩根就是那类容易让人们产生挫败感，但最终又令人不得不钦佩的人。

但我们也知道,很多时候,高智商的人往往在情商和领导力方面并不擅长。不过,摩根不在此列,因为从他嘴里说出的每一个字,都会让你感到自己好像正坐在 30 岁的彼得·德鲁克的对面。他既是学生,也是一名老到的影响力方面的专家。

例如,他了解改变的必要,能够凭借直觉、天分和实践理解改变的意义。当被问及领导力这一话题时,他的答案也包含了持续改变的意义:

"我认为,如果不是因为改变的需要,人们对领导力也不会那么关注。事实上,对于想要成为更好的领导者的年轻人,我能给予他们最好的建议就是去真正拥抱变化。因为当我刚进入社会的时候,我会单纯地认为,最好的点子一定会以某种方式胜出。但事实并非如此。当你稍微了解这个令人不安的现实后,你会意识到这是因为并不是每个人都天生和你一样……这确实让人挺惶恐的。"

"我认为很多人都能够创建一个令人渴望的、理想化的未来愿景,甚至也能够让相当多的人为之兴奋。问题是,当你如履薄冰地实施你的假设时,不安和恐惧就会让你动摇并背离初心。因此,作为领导者,要真正了解大家的真实想法,唯一的途径就是有意识地将自己置于这种环境之中,并密切观察自己做出的反应。"

我们相信下面的章节将证明,你越是层层剥茧摩根的领导力之旅,你越是能看到一位有着积极进取心和取得巨大成

# 第 7 章
## 服务他人

功的领导者,是如何在一个庞大的组织内推动有意义的变革的,而人人都知道这个组织曾经不惜以牺牲公司的总体使命为代价,也要坚持循规蹈矩、墨守成规。

＊＊＊＊＊＊

> **如果我们所做的不能帮助人们过上非凡的生活,那就让我们改变我们正在做的事情。**
>
> —— 贾斯汀·摩根

## 领导力与变革

用直接的眼神交流和坚定的握手来定义领导力的某些说辞可谓相当肤浅，真正的领导者所需展现的内涵和品质要深刻很多。领导者需要具备远见卓识、做出艰难决策、积极回应和适应他人；领导者还须为人们提供方向并激励人们完成目标。领导者们对自己所做的事情总是充满激情与探求欲，相比于好为人师，领导者更愿意扮演学习者的角色。

摩根就是从他的同事、会众和社区的人们的身上学习到了虚怀若谷的价值。因为作为一个像教会这样的志愿者组织的领导者，也会面临巨大的挑战和发展机遇。

摩根认为："真正的领导力是从领导自己开始的。"领导者必须对改变持有开放的态度，并不断推动自己成长与进步。他们还必须确保自己与具有创新精神的人为伍，接纳新的思想。

摩根还认为："领导力即改变的能力。领导者能够帮助组织和个人为世界留下影响。虽然变革可以令人兴奋并带来积极的结果，但同时也可能带来不确定和恐惧。所以说，成功引领变革是领导者的必修之旅。"

# 第 7 章
## 服务他人

## 领导力的修行之旅

刚刚 20 岁出头的摩根，发现自己即将从事的是一份需要做出改变的工作，而他就是这个改变的推动者。当时，他在一个拥有 5000 名成员的教会里担任青年部主任，但青年团体中却只有区区 30 个孩子。摩根被聘用时，就被告知要去改变这一点。但这还是他第一次在没有任何具体指导的情况下遇到问题，并被要求找到解决办法，首要解决的是增加青年团体的出席率。摩根至今对自己在那段时间的焦虑记忆犹新。

那个时期，摩根还没有意识到领导力对他意味着什么。他认为每个人都是一样的，都有着相同的天赋和明确的方向。他花了很长时间才觉察到人的复杂性，能激励到一些人的事物不一定能够激励其他人。

在他的新角色中，摩根凭借他的天赋构建出清晰的愿景，并以切实的实施和极度的专注为目标的实现做出努力。但随着将愿景转变为一个个更具体的计划，摩根意识到想要获得成功必须招募有创新想法的人才，换句话说，他需要学会授权，与他人协同工作。

在此之前，摩根几乎没有在改善人际交往能力上花时间，更没有思考过如何才能把人们有效地组织起来，进行任务分派。他甚至感到，如果没有其他人，自己做起事情来会更容易。但他很快意识到，人与人的相处和协同绝非易事，但如果他想开启领导生涯的新篇章，就必须高度重视人际管理。而这种情况不仅在教会，在所有的组织都普遍存在。

"当我刚开始走上领导岗位时，我认为只要有好的想法就一定能成事。但我很快明白，好想法会过时，领袖魅力也不长久，那些真正卓越的领导者们都是致力于帮助他人成功的人。"摩根说。

从此，摩根学习如何才能提出更好的问题，并耐心聆听同事们的发言和意见。"如果我把工作做对了，一定是因为我说得少听得多。"摩根说。正是通过聆听，他学会了如何更有效地领导他人。

## 服务他人

成为领导者需要做出很多的调整，尤其是在接纳新的思维方式上。领导者要将注意力从关注自己的日程和成功上，转向周围的人，把精力用在帮助他人的成功上。

回顾他所在的社区那些优秀领导者时，摩根意识到这些人虽然不一定有最好的想法，但令他们脱颖而出的都是在构建人才培养文化方面所做的贡献和取得的成绩。领导者必须帮助他人成长，并为他人成就的获得而努力奋斗。

在一个以志愿者为核心的组织里工作，利弊兼具。人们为教会提供的是无偿的服务，所以，人与人之间的关系也有所不同。在这种环境下，通常人们认为志愿者是不能被解雇的，但摩根澄清说，这种情况其实经常发生。

摩根认为："最伟大的牧师和最伟大的首席执行官并无差异，他们非常关心自己的使命、愿景，以及支持他们的人。他们会为了使命的达成在必要时做出艰难的决定。"

在教会里工作，摩根有机会建立储备丰足的人才库。他不断地"面试"新人并为他们提供舞台，他知道这是区别于其他公司的一个巨大的竞争优势。有了这样的人才库，新观点和新想法被源源不断地送到摩根和他的领导团队中。

## 学习竞争

识别竞争对于确定使命和目标至关重要——即使对于教会来说也是如此。人们可能认为，教会的竞争对手应该是其他教会和宗教，但摩根对此持有不同的观点。

他说："若我们想推动教会真正的变革，我们就要有不同的竞争格局。仅在教会现有的模式里竞争并不是我们的兴趣，我们希望能够创造出一种新的模式，或者说以一些新的方式进行创新。"

  摩根就职的教会位于北卡罗来纳州罗利市的市中心。他和他的团队没有把目光盯向其他教堂，而是转向当地的咖啡馆、餐馆、早间新闻频道、海滩和山脉，以及人们简易休息和放松的场所。摩根的领导团队想要找到一种方法，把那些与任何宗教团体还没有关系的人联系在一起，在他们面对其他更为诱人的选择时，为他们参加教会活动创造兴奋感。如何能够创造出一个和那些地方一样有吸引力的、平和的、舒适的和鼓舞人心的环境，这一问题不断拷问着摩根。为了解决这个难题，摩根和他的团队决定虚心向其他组织学习。

  不过，即使有了这样与时俱进的使命，摩根也希望用诚实的方式告诉人们：我们是一个教会，我们提供给这个世界的视角是特定的。摩根要求这种告知的方式是以谦逊的姿态呈现出的。摩根领导的教会是建立在人们效仿或追随某个人的基础之上的。因为，从我们穿的衣服到我们开的车，到我们每天所做的决定，都是受到他人和组织影响的结果。

  "我们的教会认可这样的观点：认为每一个人都应该问自己这样的问题'我在跟随谁，他们值得我效仿吗。"摩根说。

摩根的使命就是让人们在离开教会时变得更仁慈,更宽容、更充满感恩。

摩根说:"如果我们所做的不能帮助人们过上非凡的生活,或者不能让人们过上值得效仿的生活,那么,我们就必须改变我们正在做的事情。"

带着坚韧与坚持不懈的精神,摩根不断地向他的领导团队发起挑战,以评估他们的战略是否有效。他说:"如果行不通,我们就不要在这条路上再花时间,必须立即做出调整,找出新的方法进行尝试。教会的领导者应该时刻像企业家一样保有精神活力,而非裹足不前。"

摩根将这些反思的时刻视为重新聚焦、找出方向,并创造出新的解决方案的绝佳时机。他将反思视为"让变化发生的甜蜜点"。

## 平衡之道

对工作充满热情的人,通常要面临的挑战是:在工作中可以游刃有余地做到以驱动力和目标为导向,但把这一套搬回到家庭和生活中却不管用。在工作中领导者们往往能够非常专注地培养人才,但在家庭中,同样的使命却无法开花结果。

摩根不断尝试以同样的热情、精力和专注培养他的孩子们。他希望就像他在工作中所做的那样，也可以为家人创造出共同的使命感。

摩根说："我很惭愧地意识到，就像我需要在工作中成长为领导者一样，在家里我也需要不断成长，成为一名好丈夫和一位好父亲。"摩根说。"如果这两件事不是同时发生，那么很快，我想要的正直生活将对两者都产生影响。我不能只是成为一个了不起的领导者而忽视了我的家人。因为，如果是这样，我很快也不再是名优秀的领导者。工作和家庭必须同时兼备、相辅相成。"

## 复盘与反思

领导力之旅永无止境。我们有无数的机会去成长、重塑和创新。摩根在其长达 10 年的领导力修行之旅中学到了很多宝贵的经验，其中有两条对他格外重要，一是当需要启动变革时，要主动，不要被动；二是无论身为领导者还是个体，复盘和反思将对成功起到十分关键的作用。

摩根鼓励人们："不应该等到领导人的头衔被正式认可后再开始做事。"其实每个人都可以引领改变。摩根相信，

## 第 7 章
### 服务他人

无论是志愿者还是某个级别的员工,"总是会有些契机让你开启改变,开始投入领导某一件事件的过程中"。

他说:"很多人会掉进这样的陷阱,那就是等着别人给他们头衔,或者给予他们影响力。"但摩根遇到的很多优秀的领导者,都是在没有人把影响力的接力棒传递给他们的情况下,自发产生影响力的人。他警告说,总是等待别人邀请你做出某些改变是错误的。有时候,置身其中,主动求变不失为最好的选择。

随时复盘和不断地自我反思是摩根的另一大收获。要想取得成功并予以保持,需要我们不断审视所经历的整个过程,对得到的经验教训进行评估和反思。

对摩根来说,领导力某种程度上就是"回看"的能力,这些"回看"往往是痛苦的。从聆听自己布道,到向同事和会众寻求反馈,摩根从自己的经历中总结出,反馈是通向更好的领导者的道路。"这虽是痛苦的,但也是值得的。"他坚信。

"伟大的领导者总是愿意倾听他人的声音。"摩根补充道。"他们总是愿意合作,愿意把人们团结在一起。他们有一个健康的自我,愿意看到他们面前和周围的人成功。"

但这可能是领导力中最具挑战性的地方之一。不过,最终定义谁是优秀领导者的是大众,摩根对此深有体会。

## 领导力作业园地

- 作为一名领导者,你如何确保最好的想法能够脱颖而出?

- 根据你的个人经验,请描述领导力和变革之间的关系。

- 作为一名领导者,请描述影响你的同僚(或志愿者)和影响直接下属之间的异同。

# 第 8 章
# 通过坦诚沟通影响改变的发生

**戴露·戴维斯**

　　如果你还没有机会阅读本书的其他章节，我们真诚地建议你在本章上多花些时间，甚至看上两到三遍。因为如果你也和我们一样，可能需要成倍的时间才能真正了解戴露·戴维斯的才华与坚韧，以及这位天才先驱向我们展示的他那令人瞠目的成果。

　　在我们生活的世界，充斥着持相反意见的代表们互相谩骂、咆哮尖叫的画面，以致节目主持人不得不把镜头切换到商业广告。不过戴维斯则像是一条逆流而上的鲑鱼，那么与众不同。对那些生来就相信并只会以敌对和威胁方式行事的人，戴维斯的做法是花时间和他们在一起，倾听和理解他们，告诉他们人与人之间的不同。这种不同迫使他所影响的目标重新思考敌意的基础，自愿化解仇恨，并以一种他们自己以及周围的人都不承想过的方式做出惊人的改变。

　　世界上很少有人比戴维斯更了解种族主义，尤其是对三

K党①。这绝非夸大其词，由于戴维斯极其独特的生活经历，让他对三K党的历史极为着迷。他找来所有他能找到的有关三K党的资料，认真阅读和学习，并与三K党的成员进行了数百次的个人访谈。而他作为非裔美国人的独特视角，又增添了他投身于三K党研究的信念。

戴维斯毕业于霍华德大学②，获得音乐学士学位。他一生都是职业演奏家，曾与查克·贝里、杰瑞·李·刘易斯、B.B.金、马迪·沃特斯和布鲁斯·霍恩斯比等著名音乐人合作。2009年他获得了华盛顿地区音乐节颁发的最佳传统布鲁斯/R&B器乐演奏家称号。根据我个人的经验，如果你还没听过戴维斯演奏的钢琴曲，非常推荐你去听一听！

作为一名音乐家，戴维斯的高超演奏技巧将他的生命带入一个至关重要的时刻，而这一时刻也是他成为一名行动主义者③的开始。那是在1983年，他当时在马里兰州弗雷德里克

---

① 三K党［Ku Klux Klan（KKK）］：美国历史上最悠久、最庞大的奉行白人至上以及歧视有色族裔的种族主义组织。——译者注

② 霍华德大学（Howard University）：成立于1867年，位于美国首都华盛顿哥伦比亚特区的一所综合类私立大学。——译者注

③ 行动主义者（Activism）：主要形容一个社交圈中那些比较活跃的人。他们经常带头或者主动在一个组织中去带领（或者不带领）一些活动或者发表一些自己的见解。行动主义者（Activism）一词来源于"活跃"（Active），所以又可以称为活跃主义者。——译者注

## 第8章
### 通过坦诚沟通影响改变的发生

县的一家全是白人的俱乐部与一支全是白人的乐队一起演出。乐队休息时,俱乐部的一名顾客走近他问道:

"一个黑人怎么可能像杰瑞·李·刘易斯一样弹得一手好琴?"

正是这番不知情的问话,引发了一系列的事件。先是导致了他们两人产生谈话,继而令两人交换了电话号码,这又导致了彼此之间更为深入的沟通。沟通的结果就是戴维斯被介绍给一个又一个的三K党成员,最终导致超过200名成员宣布放弃对三K党的效忠,并宣称戴维斯是他们离开三K党的推动者。到今天为止,共有45名前三K党成员专门联系过戴维斯,郑重告知他决定离开三K党以及离开的原因,并将他们的三K党头罩和长袍交给戴维斯,作为一种象征,证明戴维斯对他们的生活所产生的影响。

行动主义者的种子其实在戴维斯很小的时候就在其头脑中种下了。起因是这样一个事件。由于他的父亲是一名外交部的官员,因此戴维斯从小是在国外长大的,直到1968年他回国。那一天,10岁大的戴维斯作为童子军的旗手走在马萨诸塞州贝尔蒙特的游行队伍中,毫无缘由地,大人和孩子们就从人行道上向他投掷石头和瓶子,并用脏话骂他。童子军的成员和队长——全是白人,立即组成了人墙来保护他。事件发生后,他第一次与父母讨论了种族歧视的话题。他问了

**大师的领导课**
卓越领导者的实践心得

> 一个至今仍然是他人生中最重要的一个核心问题："他们甚至连我都不认识,怎么能够恨我呢?"

\* \* \* \* \* \*

> 如果你想说服别人,成为有影响力的榜样,
> 你必须让领导力发挥作用。
>
> —— 戴露·戴维斯

# 第8章
## 通过坦诚沟通影响改变的发生

## 无知产生恐惧

作为蓝调音乐家的戴露·戴维斯的业余爱好非常有趣。他是非裔美国人，在过去的50年里，一直寻找从10岁起就困扰他的问题的答案："他们甚至连我都不认识，怎么能够恨我呢？"通过与三K党成员的坦诚对话，在最不可能的地方他找到了答案。

戴维斯利用简单对话的力量，深入挖掘种族主义背后的心理并影响了改变的发生。在对这个问题的持续研究过程中，有约200名三K党成员脱下了他们的长袍。戴维斯在他那本广受赞誉的《三K党：命运关系》一书中对此做了详细的描述。作为种族关系专家，他还到世界各地的大学、高中、教会、民权组织和企业发表充满激情的演讲，他处理种族关系的方法是促使人们直面偏见、克服恐惧。

"无知滋生恐惧、恐惧滋生仇恨、仇恨造成破坏。"戴维斯说。这种滚雪球的效应会将一连串的破坏事件引发为行动，阻止它们的唯一方法就是通过开放的沟通来消除无知。只有以理解为目的的倾听，才具有独特的力量让人们团结在一起而非造成分裂。

"我有这样一个理论，"戴维斯说，"正在对话的两个敌人就不会打斗。他们可能会大喊大叫，用拳头砸桌子来表述观点，但至少他们在进行对话。只有对话停止、沟通停止时，他们的行为才会演变成暴力。所以，我们鼓励人们保持对话，如果你愿意花五分钟时间给你最大的敌人，你一定能找到你们的某些共同之处。"

正是这些共同之处把我们作为人类联系起来，成为弥合差异的桥梁，奠定彼此理解的基础。

## 揭示真相

"告诉某人某事和让人们亲身体验它是完全不同的两件事。"戴维斯说。"举个例子，我们怎么才能告诉自己的女儿，要去上学、努力学习、拿到全 A，然后找一份好的工作？而当你的女儿也这么做了之后，她赚的钱却可能比做同样工作的男同事要少很多。我们该如何让人们为这些潜在的现实做好准备？"

戴维斯经常会在演讲中将受众带入类似的情境中，引发人们的深度思考。再举一例：在人们遭遇歧视之前，你如何能让他们做好准备？

戴维斯第一次遭遇种族歧视是在他 10 岁的时候，之前，他连"种族主义"这个词都没有听说过，直到他的父

## 第 8 章
通过坦诚沟通影响改变的发生

母让他坐下,向他解释为什么他和童子军的其他成员一起举着美国国旗游行时,人们会只向他扔垃圾。他不明白怎么自己就成了他们唯一的目标,他还以为那些人是不喜欢童子军。但父母告诉他,他之所以成为目标是因为他的肤色。不过,那时的戴维斯认为他的父母在撒谎,因为他就是不明白,为什么大家都不知道我是谁,就会恨我!

戴维斯说:"我找不到任何人们向我扔东西的必然理由,我的父母告诉我是因为我的肤色。当时的我不相信他们的话,可现在我明白了。"

高中毕业后戴维斯进入了霍华德大学,在那里获得了音乐学位。在搞音乐成为他的全职职业的同时,他对种族关系的研究也到了痴迷的程度。戴维斯购买了他能找到的所有关于黑人至上、白人至上、反犹太主义、三K党和新纳粹主义方面的书籍,了解这些人是如何形成这种意识形态的。随着多年的研究,他明白了,种族主义毫无道理可言。

## 从一次偶然见面中得到的灵感

1983年,因约翰·特拉沃尔塔主演的电影《都市牛郎》的大热，乡村音乐重新流行起来。那个时期，如果你想成为职业乐手，必须组建一个乡村乐队。因此，戴维斯也加入了其中一个，作为乐队中唯一一名黑人成员。

乐队经常在马里兰州的弗雷德里克县城演奏，那里是三K党的大本营。乐队经常去一家叫银元酒吧的地方演奏，那是一家以白人顾客为主的酒吧。有一天晚上，在结束了第一场的演出后，戴维斯穿过舞池准备坐下时，一位白人绅士走到他的身后，用胳膊搂着他的肩膀说：

"朋友，我真的很喜欢你们的音乐。"戴维斯向他道谢，并和他握了握手。这名男子对他的钢琴弹奏技巧啧啧称道，说："这是我第一次听到有黑人弹钢琴也能弹得像杰瑞·李·刘易斯一样好。"

虽然这并没有冒犯到戴维斯，但他确实很惊讶。因为，显然这个人并不知道杰瑞·李·刘易斯的钢琴演奏风格的起源，也不了解他从黑人身上学到过什么。这名男子提出请戴维斯喝一杯，戴维斯同意了，尽管他从不喝酒。戴维斯点了一杯蔓越莓汁，这名男子付钱后与他碰杯祝酒，在这一由衷之举后，那人说这还是他第一次和一名黑人坐下来喝酒，这句话彻底震惊了戴维斯。

当时的戴维斯25岁，但他已经和白人同吃、同喝、交流谈心过数千次。而眼前这个人大概40多岁，却从来没有和黑人坐在一起过。戴维斯问其原因，那人没有回答，只

## 第 8 章
通过坦诚沟通影响改变的发生

是盯着桌面。于是，戴维斯又问了他一遍。

那个人的朋友催促他告诉戴维斯真相，于是那个人看了看戴维斯，说："我是三 K 党的一员。"戴维斯突然大笑起来，因为他不相信他的耳朵。戴维斯读过所有三 K 党的书，没有一本提到三 K 党成员会拥抱一个黑人，还会赞扬他的才华，还请他喝一杯。这根本说不通。

这名男子拿出他的三 K 党会员卡，递给戴维斯作为证据。他们继续聊了一会儿，然后这名男子把自己的电话号码告诉了戴维斯，让他到酒吧演出的时候就打给他，这样他也可以带他的朋友一起来听。戴维斯同意并遵守了承诺，乐队每六周在酒吧演奏一次，这个男人都会带着其他三 K 党的成员来看演出。这种情况一直持续到 1983 年年底戴维斯退出乐队之前。

退出乐队的戴维斯突然意识到他错过了回答他 10 岁以来就一直在寻找问题答案的绝佳机会："他们甚至连我都不认识，怎么能够恨我呢？"

还有比让自己就置身于这个基于肤色就憎恨人的组织中寻找答案更适合的吗？于是，戴维斯决定，周游全国，采访不同的三 K 党成员，并将这些采访汇编成一本书，一本第一次由黑人作家写就的关于三 K 党的书。就这样，戴维斯开始着手进行他的计划。

## 短兵相接

罗杰·凯利是马里兰州三K党的领导者,他是戴维斯想采访的第一个人。为了认识他,戴维斯联系了他在银元酒吧结识的一位三K党成员,希望借由他来认识这位三K党的高级领导人。戴维斯没有找到这位老朋友的电话,但找到了他的家庭地址,于是,没有事先打招呼的戴维斯直接就去了朋友家。看到戴维斯的出现朋友很惊讶,但更惊讶的是戴维斯,因为他得知了这位朋友已退出了三K党。

在听完朋友是如何放弃信奉三K党的意识形态后,戴维斯也分享了自己打算写书的想法,并请求朋友把罗杰·凯利介绍给他认识。出于危险,朋友拒绝了他的请求,但戴维斯没有放弃,继续恳求,给他凯利先生的地址和电话号码也行。大约又磨了20分钟,朋友终于同意了,但条件是戴维斯不能向凯利透露他私人信息的来源,戴维斯答应了。朋友还警告说千万不要擅自闯入凯利的家,因为极有可能被射杀。朋友建议说,想见凯利先生最好的方式,就是去他常去的位于马里兰州瑟蒙特市的一个三K党聚集的酒吧等他。戴维斯记了下来,开始实施将凯利作为他采访首秀的计划。

# 第 8 章
## 通过坦诚沟通影响改变的发生

和秘书玛丽讨论了日程安排后，戴维斯选择在一个星期天开车去瑟蒙特。玛丽是位白人妇女，请求和他一起去，但戴维斯拒绝了，因为可能会遇到危险。不过，最后戴维斯还是把是否前往的决定权交给玛丽自己。他们开了一个半小时的车到了酒吧，但等了好几个小时也没有见到凯利先生。显然，这次策划很失败，他们连任何一名三K党的成员也没有遇到。

于是，第二天，戴维斯决定让玛丽直接打电话给罗杰·凯利，为新书安排采访。虽然他可以自己打，但他觉得还是由玛丽来打更好，以防凯利先生能从电话中听得出打电话的人是白人还是黑人。玛丽打通了电话，把采访安排在了某个酒店，凯利先生同意了这个提议。

罗杰·凯利带着他的保镖，一位名叫大夜鹰的先生到达采访现场。穿着迷彩服的保镖走了进来，扫视了一下房间，当他注意到戴维斯坐在桌边时顿时愣住了。戴维斯上前做了自我介绍，并热情地与大夜鹰握了握手。这时，凯利先生也坐了下来，要求戴维斯出示身份证明，戴维斯照做了。

凯利先生一开始就给了戴维斯一个下马威，他历数了黑人要比白人低一等级、黑人的大脑也比白人的小、黑人们容易犯罪，他们懒惰，善钻福利制度的空子。总之，都是你能想到的关于对黑人刻板印象的老一套说词。

**大师的领导课**
卓越领导者的实践心得

戴维斯的目的当然不是来和凯利先生打架的,他此行的目的是倾听和了解他。为了这次采访,戴维斯事先熟读三K党的书籍,了解所有可能了解的关于三K党的资讯。此外,他还带了一本《圣经》,以便凯利先生若以《圣经》作为依据时,能够精确地指出经文所在。

采访进行得相当顺畅,直到传来几声巨响令所有人紧张起来。凯利先生和戴维斯对视了一下,都没有说话,默默地注视对方。其实,令他们紧张的无明巨响,只是冰块在金属饮料桶里移动时发出的噪声,原来是玛丽惹出的乱子,所有人都松了一口气哈哈大笑。

戴维斯将那一刻视作一个绝佳的教育时机。这一切都是因为人们对闯入自己舒适区的外来噪声的不了解。因为不了解,人们就容易变得害怕,继而互相猜疑和指责。"无知滋生恐惧。"戴维斯说。"我们对自己未知的东西充满了恐惧。如果不制约这种恐惧,恐惧就会逐步升级为仇恨,因为我们憎恨让自己害怕的东西。如果我们不控制仇恨,那仇恨就会加剧为毁灭,因为我们想要毁灭我们所憎恨的东西。为什么会这样?因为恐惧和仇恨让我们感到害怕和受到威胁。但实际情况呢?它们可能是无害的,而我们只是无知而已。"

戴维斯说:"如果我们想解决这个问题,就需要停止试图消灭这些征兆,停止解决仇恨和恐惧。我们需要找到问

# 第8章
## 通过坦诚沟通影响改变的发生

题的根源,在根源上修复,真正消除掉无知。如果我们摆脱了无知,那就没有什么可害怕的东西了。消除无知最好的方式是受教育,我们越早得到启蒙就越早能减轻这样的无知。"

## 影响和改变

影响力是领导者的核心能力。领导者是能够影响他人的人,无论你是世界财富500强企业的高管,还是社区里的邻居。作为音乐家,戴维斯不仅了解音乐对人类情感的影响,也懂得坦诚地交流和倾听是找到人们之间的共同点,并使改变发生的最佳途径。

戴维斯说:"如果你想说服别人,成为有影响力的榜样,你必须让领导力发挥作用。我们只有一次机会给人们留下良好的第一印象。虽然我们可能有第二次或第三次机会留下好的印象,但留下良好的第一印象的机会却只有一次。所以,当你试图与某人建立关系时,通常需要和他们多会几次面。"

通过对三K党成员多次的采访,戴维斯了解到,"不管他们喜不喜欢你,如果第一次见面他们发现你是值得信任的,那么很有可能就会同意和你再次见面"。

这些年来，戴维斯采访了数百名三K党成员，参加了数十场三K党集会。他发现，当你在这些时刻积极主动了解别人的同时，你也是在被动地教他们了解你的事情。

戴维斯将这些时刻视作领导者以身作则、影响改变的机会和责任。归根到底，其实，我们每个人都有东西值得他人学习，也都有东西需要向他人学习。"我们需要提供给人们一个能够表达自己的平台。"戴维斯说。"我们无须同意他们的观点，但我们必须聆听他们。"

戴维斯警告说："当你压制言论自由，它就会溃烂，会爆发。但当你顺势利导，让它们被说出，被听到，你就知道该如何解决它们。"

## 最终找到答案

戴维斯花了几十年的时间寻找"他们甚至连我都不认识，怎么能够恨我呢"的答案，随着时间的推移，已经从关于他脑袋小得不合逻辑的结论，和因为他的肤色自带的暴力倾向，转变为来自三K党成员的肯定。他们说："你知道的，戴维斯，我不恨你。我也不可能恨你，因为我了解你，你不是他们说的那样。"

作家C. S. 刘易斯曾经说过："你无法回头改变开始，

## 第 8 章
通过坦诚沟通影响改变的发生

但你可以从今天你所在的地方,开始改变结局。"戴维斯十分认同这个观点。他相信,孩童是我们最重要的资源。今天一个 10 岁的孩子也能够通过为他人提供表达的平台,以及以理解为前提的倾听,影响改变的发生。

\* \* \* \* \* \*

## 领导力作业园地

- 在你的职业生涯中,你最难克服的偏见是什么?

- 产生这种偏见的缘由是什么?

- 你能做什么或者你做过什么来对抗或消除这种偏见?

- 作为领导者,你能做些什么来帮助他人认识到他们的偏见并采取行动来反对他们的偏见?

# 第9章
# 培养学习心态

### 安·赫曼·内迪

我们很难想象安·赫曼·内迪也会有心情不好的时候。当然,我们相信她一定会有这种时刻,但我们敢打赌,她的坏情绪不会经常出现,也不会持续很长时间。事实上,如果一定要用某个词来锁定对她的印象,那就是精力充沛!那种积极乐观,那种极强的感染力,那种当她站在舞台中央对只要能听见的人讲话时的真切感受:

- 如果我们现在就对那个问题采取行动,会发生什么?
- 我认为真的会给这里带来巨大的变化,你觉得呢?
- 当然,这很困难,但这也是不可避免的,对吧?
- 尽管它很困难,但毫无疑问,我们可以让它变得有趣起来,对吧?
- 最重要的是,当我们在一年后回忆起今天一起做过的事情……
- 谁愿意与我一起?

如果上面的描述让你觉得有点夸张，我们向你保证，事实就是这样。安·赫曼·内迪永远是"最能创造价值的那个人"。有这样一个典型的例子，很多年前，在康涅狄格州斯坦福德或附近的某个地方，年轻的安·赫曼·内迪准备进入商界大展拳脚。她径直去到一份很受欢迎的报纸的一位特许经销商的家门前，询问工作的可能性。那次的交流大致是这样的：

安：考克斯先生，我叫安·赫曼·内迪，我想和您谈谈关于推销订阅报纸的工作。

考克斯先生：我很荣幸，年轻的女士，但这是男孩子们的工作。

安：但这并不是您真正关心的，不是吗？

考克斯先生：这是我关心的。

安：不！您关心的是报纸的订阅量！是男孩推销还是女孩推销又有什么关系呢？

那天，安得到了工作。

就连完全不认识她的人也感到吃惊的是，她充分抓住了这次机会（以及自那以后她商谈的几乎所有其他机会！）

今天的安·赫曼·内迪正致力于对大脑的持续探索。她的父亲是曾被誉为"全脑思维之父"的内德·赫曼。内德毕业于康奈尔大学，主修物理和音乐。包括领导通用电气管理教育中心，内德职业生涯的每一份工作都极富意义。他举30年之力，专注于提升创造性思维能力领域，并在领导力、关系建立和良好沟通等方面做了大量的基础工作。你能猜到谁

## 第9章
### 培养学习心态

在他早期的研究中发挥过重要的作用吗？

你小时候放学回家后，父亲对你做过什么我们不得而知。但安正忙着把电极绑在头上监测大脑偏好！不仅如此，为了更进一步研究，内德还监测女儿的男友的大脑模式，你能想象吗？（这不由得让我们想起由真实故事改编的电影《拜见岳父大人》中的罗伯特·德尼罗和本·斯蒂勒吧）！

内德·赫曼的研究早已转化为全球各地沿用了数十年的模型：赫曼全脑优势测评工具——HBDI⊖。这个模型旨在帮助领导者真正利用他们认知的多样性（这种多样性其实存在于每个组织之中，只是人们不知道，以及不懂如何衡量它）。我们鼓励你去看看安·赫曼·内迪在 TED 上的一段演讲⊜，从中获得如何唤醒自己大脑的洞见。但与此同时，我们也希望你能好好阅读这一章，别的不敢说，我们确信，你一定会收获有关领导者言行一致、说到做到的宝贵见解！

---

⊖ HBDI（Herrmann Brain Dominance Instrument）：是一种被用来分析个人和组织思维方式的方法，由赫曼博士发明，旨在通过分析人类的思维形态，得出大脑运行机制的类别模型，使人们更加了解自己，为更加理性、科学地解决问题提供帮助 。——译者注

⊜ 安·赫曼·内迪 2018 年 1 月在 TED 上的演讲实录："你必须知道的大脑改变你生活的一件事"和"想象你的未来取决于它，因为它确实如此"。——译者注

\*\*\*\*\*\*

> 学习力是当今和未来领导者最重要的技能之一。
>
> ——安·赫曼·内迪

# 第 9 章
## 培养学习心态

## 终身保有好奇心

学习常常被视作是童年该干的事,发生在我们生命的早期阶段。一旦我们成年或进入职场,意味着学习也就结束了。然而,即使我们不再去正规的学校上学,学习仍应是一项终身的活动。

只有将自己的所学应用到每天的工作与生活,才是真正的学习。赫曼集团董事会主席兼首席思维官安·赫曼·内迪说:"这才是学习真正起作用的地方。那些不善学习的人将会非常非常的痛苦,并会遭遇领导力真正的挑战。"

安·赫曼·内迪专攻神经科学的实际应用,通过利用领导者未曾开发的思维和学习潜力,帮助他们提高影响力,及更有效地管理变革。学习、归零和重构的能力对当今领导者至关重要。在商业快速变化的今天,唯有不断学习和提升的领导者才会更加敏捷,更能适应变化。

安·赫曼·内迪认为:"好奇心、主动的意愿和对学习的兴趣,这三者结合,能够让你从大脑的视角,审视和打破可能在心理上限制你前进方向的模式。"

人类具有终身学习和成长的潜力。我们的思维和能力不是一成不变的,领导者必须培养终身学习的心态,不断推动自己发展新的技能,以及让潜力得到充分的发挥。

## 自我觉察:思考你思考的方式

安·赫曼·内迪喜欢说:"你经常想什么,最后你就会变成什么。"她个人的学习经历就是一个很好的例子。作为领导者,安·赫曼·内迪发现自己也需要不断地"用自己的产品来管理自身的业务"(即将全脑思维工具应用在领导者角色中,以使自己不断成长)。她最伟大的"顿悟"出现在她学会如何避免成为"个人偏好的囚徒"的那一天。当时,她正在与她的客户,一位首席执行官开会,后者感叹他的团队似乎总是在"执行时达不到目标"。其实,通过团队的 HBDI 测评,(安·赫曼·内迪的父亲开发的:赫曼全脑优势测评工具),原因已经非常清楚,测评结果早就表明无论是在实施方面还是在执行力上,团队都显示出整体的低偏好。

通过 HBDI 中的 4P 测评,即利润(Profits)、流程(Process)、人员(People)和可能性(Possibilities),结果强烈表明该团队对流程要素不够关注。巧合的是,这也是安·赫曼·内迪的最低偏好!

她突然意识到,为什么她自己的管理团队也常陷入运营的沼泽之中！她又从中学习到了什么呢？虽然大多数领导者从未停止过学习，但也意味着他们从未停止过一直以自己思考问题的方式行事！安·赫曼·内迪意识到，她面前现成的工具，对作为学习型领导者的她的效率提升，已经能够产生最大可能的影响。

## 证明你自己

进入一个新的角色或承担一项新的责任会产生如兴奋、恐惧等复杂的情绪。但最终，人们都希望取得成功，哪怕是面对阻力，也想要证明自己有能力胜任这份工作。

少年时期的安·赫曼·内迪在寻找第一份工作时就表现出坚韧的精神。她从朋友那里听说《纽约时报》有推销订阅报纸的职位空缺后，第一时间申请了这个职位，但马上遭到了拒绝。特许经销商说："不，不，不，我们只招聘男孩，不招女孩。"他的理由是她需要携带很重的样品给邻居们看，他不认为女孩有足够的耐力或力量承担这项工作。

经过一番游说，最终她说服了那位特许经销商给她这个机会。但在高兴的同时，她也知道她必须证明自己能够胜任这份工作。这也促使安·赫曼·内迪开发了一种完全不同的销售订阅策略，足以令她在订阅数量上打败其他男孩。

虽然在这段经历中，安·赫曼·内迪并没有想去打破对女性的任何玻璃天花板，但她确实认为，女性在证明自己的过程中需要承担更多的责任，而这些挑战大多来自于禁锢我们思想的那些错误认知和无意识的偏见。当今世界，女性想要获得真正的平等，仍有许多障碍和险阻需要克服。领导者们必须有意识地忽略自我思维中的偏见，创造一个更具包容性的工作场所。

自我证明不单是女性需要面临的挑战，安·赫曼·内迪认为："对任何人来说，第一次尝试新鲜事物都并非易事，需要有毅力和意愿与未知中的不适共处。"

## 坦然面对未知

许多人认为脆弱和软弱是一体两面，但事实恰恰相反。在他人面前尤其是在团队面前，表现脆弱是需要决心、信心和一定程度上的无畏的。有勇气展现脆弱的领导者，能够培养出更高水平投入度、信任度和创造力的团队。相对于避免不适，他们敢于拥抱这些脆弱的时刻，敢于对自己的行为负起责任，并在需要的时候寻求帮助。展示真实的

## 第9章
培养学习心态

脆弱可以帮助领导者与人们建立真诚的连接，创造出安全、协作的环境。

工作中出现不舒适感也许很可怕，但它其实也是有机会成长的信号。很多年前，安·赫曼·内迪在工作中面临极大的领导力方面的挑战，感到非常沮丧的她向一名导师求教。导师静静聆听了她的倾诉，然后说："听到你如此沮丧，我太兴奋了。"显然，这并不是赫曼期望听到的反馈，但他接着说："是的，因为不舒适感就是学习的信号。"

"这种心态的转变对领导者来说至关重要，你必须具备让自己进入不舒适区的能力。不舒适感是学习的信号，但很多人不喜欢进入这一区域，也不希望被他人看见自己进入了不舒适区。"安·赫曼·内迪说。而她的导师将不舒适重新定义为一种优势的举动，帮助她拓展了思路："你的舒适区可能也是你的危险区，除非你不断地去延展它。"

有效领导者敢于承认自己没有答案，不会认为这就是无能或失败。他们反而会利用这些不确定的时刻作为学习和提升的机会。他们会借助同事的专业知识和技能找到解决方案，并对这些贡献者给予积极的肯定。

脆弱更能体现领导者人性化的一面，可让员工看到他们的上司是一个曾经面对过挑战和失败的血肉之躯，是他们可关心和值得尊敬的人。安·赫曼·内迪表示："领导者必须愿意走出自己的舒适区，拓宽自己的思维。这需要其甘愿面对不舒适的能量和动力。领导者必须推动自己不断学习和成长，并找到方法坦然面对未知。"

## 创造学习型文化

领导力不是读几本书或参加几次培训就能获得的技能。安·赫曼·内迪相信："人们通过自己的生活经历和与人的交往方式来构建大脑的思维。我认为领导力也是这样一步一步建立起来的。"每一个小小的洞见，随着时间的推移逐渐形成自己的观点。企业也需要认识到领导力是一个持续的过程，必须培养持续学习的文化和氛围。

安·赫曼·内迪表示："学习不仅仅是为了培养领导者，还需要以有别于今天的方式，融入我们每一日的工作生活中。"学习是我们工作流程的一部分，而非某次单独的培训。组织需要建立一种将学习、发展和成长优先于其他的文化。

安·赫曼·内迪说："很多组织无法给每个员工提供成长的机会。在很多企业里，只有高潜力人才的培养计划，这些计划中的员工，往往是根据其在组织中能够担任更高级别职位的潜力进行评估和确定的。但很多时候，这类评估体系都因偏见而存在瑕疵。"

## 第9章 培养学习心态

高潜力人才培养计划中的人才选拔通常反映了他们上司的偏好，有关研究也支持这一理论。安·赫曼·内迪说："当看到逻辑型、组织型、交流型和空想型等不同的思维偏好的人时，人们往往会选择那个与自己偏好一致的人。"

为了打破这种模式，组织必须创造出一种包容的，能够让各种不同观点都摆上台面的文化。领导者必须留意自己的思维过程，刻意地克服思维偏见。"无论是像某些人的思维方式一样简单，还是像种族偏见那样深刻，领导者都必须对此有很强、很强的觉察，但遗憾的是现在很多人并不愿意这么做。"

整合不同的观点来制定决策和解决业务问题会带来更好的结果。安·赫曼·内迪说："优秀的领导者懂得被我们称之为认知多样性的不同视角的价值，也知道如何驾驭它们。"

创新文化应该允许人们在失败中前进。安·赫曼·内迪说："如果没有承担足够的风险，没有犯足够多的错误，那就意味着你没有尽力去尝试。"员工需要对失败有安全感，不是生理上的，而是情感上的。他们冒险的时候需要有足够的安全感，不会因担心被惩罚而恐惧；同时，他们还需要得到做决策和冒险的授权与信任。

这种安全和滋养的文化，能够让员工更加积极地参与投入，激发员工未被开发的创造潜能，鼓励员工持续学习和不断成长。安·赫曼·内迪建议:"领导者应该主动创建这样的文化——'在这里你会受到真诚的邀请,你会很安全,你会受到鼓舞,你能够有机会用上你的大脑'。领导者和管理者对创建这样的文化责无旁贷。"

## 成长与机遇

领导力是个人成长的反映。安·赫曼·内迪说:"了解自我始终是领导力的核心。优秀的领导者永远是所在行业的学徒,努力为学习和成长奋斗。无论是今天还是未来,学习力都是领导者最为重要的技能之一。"

事实上,那些最为成功的领导人从来都不曾停止过学习。他们是我们学习的榜样,他们了解自己和他人应该如何思考和学习,并能够利用所学创造出重视差异和鼓励人们持续提升的文化。为了培养这种学习心态,组织需要为领导者提供实用的、易于使用的,并能够用来促进他们的成长和潜力开发的工具与方法。安·赫曼·内迪认为,随着商业环境的不断变化,所有的员工都将面临越来越大的压力,这要求他们也要成为真正活跃的终身学习者——而这些挑战,无疑将创造出工作即学习的文化,这不仅应该受到鼓励,还值得被期待。

## 领导力作业园地

根据你自己的经验,学习、思考和领导力之间的关系是什么?

(1) 作为领导者,你最大的盲点是什么?
- ☐ 利润
- ☐ 人员
- ☐ 流程
- ☐ 可能性

(2) 以下全脑模型的思维方式给团队带来了什么价值?
- ■ 逻辑型
- ■ 组织型
- ■ 交流型
- ■ 空想型

(3) 作为领导者,你能做些什么来确保你的团队是一个健康的组合,以确保你的盲点能被补全?

# 第 10 章
# 不确定的领导力

### 布雷特·威廉姆斯

当你第一次和布雷特·威廉姆斯握手,那你握住的是一位风度翩翩、谦逊和蔼的美国英雄的手。他是那种浑身散发着自信,但又不会表现出一丝傲慢的人。威廉姆斯在"出类拔萃"的那类人中也属于人中翘楚,是一名零差点的高尔夫球手。他总是真诚地、不断地赞美他的球友所打出的每一杆像样的球。这样,就算他已领先你十杆或更多,你也不会觉得不爽!

但当你发现他还是一名在美国空军服役了 28 年的 F-15 战斗机的飞行员时,你的脑子不由自主地在快速思考,看起来只有 30 多岁的他,原来已经 60 岁了,他是怎么做到的?随着你对他日渐了解,你发现了他的秘诀,或者说至少是其中之一的秘诀,那就是自律。他每天都会起得很早,每天都有明确的目标,且坚持不懈地执行。即使在退役后,威廉姆斯还是那个站如松、行如风,讲话中气十足的"执行动物"的化身。

和来自不同领域的许多卓越领导者一样,威廉姆斯的领

## 第10章
### 不确定的领导力

导力之旅其实也很简单。在他还是一名年轻飞行员的时候，就很善于观察和倾听。这样做的结果，是他能够敏锐地觉察出，中队里的哪些终身飞行员是其他人都想和他们一起执行任务的人。通常这些飞行员们的光芒是无法掩盖，很容易展示出来的。凭借这样的直觉，威廉姆斯开始更加投入地观察和研究他们：这些飞行员展现出了什么样的性格、特点和行为？他们是如何建立自己的声誉的？他们与其他才华横溢的同龄人又有何不同？

威廉姆斯一有机会就和这些优秀的飞行员们在一起。问问题、记笔记，积极寻求他们对他所做决定的意见，和对他行动的反馈。（我还有哪些地方可以做得更好？我有没有错过什么？我还能用别的方法来完成吗？）慢慢地他将自己的性格塑造成像那些备受尊敬的领导人一样。最终，他晋升为美国最大的战斗联队的一名指挥官。这个职位需要负责超过9000名现役飞行员的日常管理。

在服役了28年后，威廉姆斯被任命为美国网络司令部的运营总监。除了在诸多方面做出的贡献，他还因为国防部设计了保护国家利益免受网络威胁的操作系统而受到嘉奖。

他在网络世界受到的欢迎，或许会引发你的质疑。（当然，这样的质疑绝不是有意的冒犯。不过，一名F-15战斗机的飞行员有什么资格领导一支由400名技术专家组成的骨干队伍，并发起一场针对网络恐怖主义的战争呢？）。从技术层面上讲，威廉姆斯对这个问题的回答确实也只能很简短："没有多少资格！"但若从领导力和有效影响力的角度，

> 其实,威廉姆斯的整个职业生涯都在为这个角色做着准备。当然他也没有料到,自己在空军部队这最后的一次指挥,能够为正在集中精力对抗网络风险的数以百计的企业和数以千计的不同行业的人们带来巨大的影响。
>
> 结合他毕生对领导力相关研究得出的精髓,和他自身领导力的实践经验,证实了领导力确实是"不确定的",而领导者的评判标准永远取决于他们将如何接受这种不确定性并在压力下有效地管理风险。

如果我们都不计较功劳的归属,
定会达成更大的成就。

—— 布雷特·威廉姆斯

# 第 10 章
## 不确定的领导力

## 领导力的一致性

没有放之四海而皆准的领导方法，每位领导者都是独一无二的，他们必须发展出适合自己的风格。探索如何成为成功领导者始于简单的观察，新任领导者通过观察成功领导者的特质，反思自己所欣赏的，以塑造出适合自己的领导风格。

作为美国铁网网络安全的首席运营官和美国空军的退役少将，布雷特·威廉姆斯从个人的经验中直观地学习到领导行为决定了组织文化。建立一套核心价值体系并成为这些价值观的榜样，保持一致和真实的领导力至关重要。

"你作为领导者的声誉不会建立在你所说的话上。"威廉姆斯说。"它将建立在人们在你没有真正注意时对你的观察之上。"

因此，领导者必须言行一致，才能真正取得成功。领导者必须成为自己所推崇的价值观的典范，并建立基于相互信任和与共同愿景保持一致的文化。

## 领导力的灵活性

在美国空军各级作战指挥部门工作了 28 年之后，威廉姆斯接到电话，请他加入 IT 和通信部门，担任美国网络司令部的运营总监。虽然他在杜克大学获得的计算机科学学位为这份工作提供了一些技术基础，但在与飞机操作没有直接联系的领域担任领导职务还是第一次。

从空军指挥官转为技术团队的领导者是一次宝贵的学习经历。新环境、新团队、新领导，一系列的挑战等待着威廉姆斯。但他很快发现，领导力与"技术无关"，他在军事经验中获得的基本技能和知识，同样可以适用于不同行业的任何领导职位。共情、理解和信任才是成功领导的根本。

## 共情、理解与信任

走上任何一个领导岗位，领导者必须能够证明自己对组织的价值，并赢得下属和上司的信任。信任不是别人给你的，而是靠日积月累积攒的。但信任的摧毁却是一瞬间的事。

# 第10章
## 不确定的领导力

作为领导者，信任的基础是首先要了解你所服务的人，并利用这种共情来创建一个共同的愿景。领导力是多向的，可以自上而下，也可以存在于没有合法权利或权威的同事之间。

威廉姆斯相信："合法权利是远远不够的。拥有合法权利地位的人很多，但成功者鲜有其人。"不管职位高低，沟通、建立信任和倾听才是发挥影响力的关键。

员工希望看到他们的领导者是善于倾听、考虑他们新的想法，并愿意做出改变的人。威廉姆斯从领导力专家马歇尔·古德史密斯那里得到过很重要的启发，那就是"永远不要低估别人有好主意的可能性"。作为一名领导者，你必须亲临现场，深入组织的各个层级，与员工进行沟通。领导者应该经常问一些探索性的问题，以了解事情的进展，并确保员工拥有取得成功所需的资源。这样的反馈能推进组织内部沟通渠道的畅通和透明度的提升。

信任你的员工，允许他们为预先确定的解决方案创建自己的实施路径，这将使他们对自己的工作产生主人翁意识和归属感。如果员工清楚你的愿景和目标，实现的手段已不是最重要的，最重要的是共同达至最终的目的地。

## 心理安全感

领导者必须努力去营造让人们可以放心提出新想法、

表达担忧、提供建设性反馈以及甘愿承受冒险也要去做新尝试的安全环境。无论在军队还是在私营企业，威廉姆斯都目睹过这种类型的领导者所散发出的巨大影响力。

威廉姆斯说："当你身居会议室的中心位置，8 位高层管理者环坐两边，但没有任何一个人向你提问，也没有任何一个人给你反馈，每个人都在会意地相视点头。那么，极有可能是你打造的环境出了问题。"

心理安全感，即当人们犯了错误也不会受到惩罚的信念，是打造高效团队的决定性因素。这样的环境是建立在彼此信任的基础上，会为企业带来更多的创新和突破。如果员工惧怕说出他们的担忧或想法，那么团队的表现最终会受到影响。

因此，威廉姆斯认为，作为领导者负有打造环境的责任，尤其是你直接影响的那六七个人。这一点在大型组织中尤为关键，因为影响力必须由上至下贯穿整个公司。

最终，深受传奇教练迈克·沙舍夫斯基○影响的威廉姆

---

○ 迈克·沙舍夫斯基（Mike Krzyzewski）：1947 年 2 月 13 日出生于美国伊利诺伊州芝加哥，美国杜克大学篮球主教练，美国男篮主教练。他带领三届美国男篮获得 2008 北京奥运会、2012 伦敦奥运会、2016 里约热内卢奥运会三届冠军。期间，还顺便拿下了 2010 土耳其世锦赛、2014 西班牙世锦赛的冠军。——译者注

斯说道:"我们是为了我们胸前的名字而战,而非为了球衣背后我们自己的名字。"威廉姆斯警告说:"如果你的影响力没有渗透到基层,让他们做到和你步调一致,那么组织必会遭遇一些严重的问题。"而要做到步调一致,必须是从高层管理者开始。

## 终身学习者

学习对领导者来说是永无止境的。你需要掌握新的技能,获取新的知识,尤其是当你成为某个新领域的领导者时。

威廉姆斯说:"如果我不了解下面员工的情况,我就不知道危险可能在哪里发生,而这样造成的后果是很难承受的。"

如果你在支持部门工作,还不习惯用业务语言讲话,那就必须尽快学习。领导者们必须有足够的经验和判断力,知道什么时候可能会出现问题,也知道什么时候应提出解决方案的要求。

威廉姆斯说:"领导者还必须能够帮助人们把事情之间的逻辑关系建立起来。

厘清事情之间的逻辑关系能够给员工注入更大的激情

与动力。如果人们理解他们如何才能为目标做出自己的贡献，就更愿意付诸行动和超越自我。

## 智慧型决策者

威廉姆斯认为，成功的领导者还须具备"在信息不完整的情况下做出正确决定"的能力。尤其是当你晋升到更高的领导岗位时，这项技能将变得更为重要，在得到批准之前敢于做决定是需要有一点冒险精神的。

不过，一个支持冒险的安全环境，有利于培养出富有激情的创新型领导者。但如果你一周超过三次去你老板的办公室请求原谅，威廉姆斯建议还是多和老板商量并得到批准再行事。

成为智慧型决策者必须要保证做到两点：一是与合适的人进行建设性的谈话；二是去实施解决方案。"对领导者来说，不是自己的想法，接受和认可它们并不容易，但是，我们不能为自己不是决策者这一事实就过于痛苦。"威廉姆斯说。

"我不希望高管们只是盲目地走出办公室，做我想他们做的事情。"他指出。高管们必须在讨论中敢于反击和提出自己的见解，被动地坐在那只会造成更多的分歧和错位。

## 第 10 章
不确定的领导力

威廉姆斯相信,最终,"如果我们都不计较功劳的归属,定会达成更大的成就。"在这样的环境里新的想法才会被孕育,冒险的精神才会得到支持。经营其实就是管理风险,以及分配资源以减轻和降低风险。打造一个接纳正面冲突的安全的组织文化,可为企业带来长期的成功。

※※※※※※

## 领导力作业园地

- 作为领导者,你会做哪两件事来提高你对即将做出的决定或行动方案的清晰程度?

- 鉴于你的陈述,按照以下的标准来打分:1 – 高度恐惧;3 – 不确定;5 – 高度信任。

- 你如何评价你的下属的心理安全程度?

- 作为领导者,你能做些什么来改善你的下属的心理安全感?

# 第 11 章
# 聆听的力量

**吉姆·邓肯**

生活中总有一些人当他们走进房间的时候，不管当时里面正发生什么，或者有谁在那儿，他们都能一下子就把人们的注意力吸引过来。吉姆·邓肯就是这种人，无论以任何你能够想象的客观标准来衡量，他都是。

作为土生土长的布朗克斯区的人（在任何时间、任何地点、向任何人他都会自豪地表明这个身份），邓肯身上有着鲜明的被认为是领导者特征的特质和特点，比如：工作非常努力，无惧竞争地茁壮成长，善用机敏的幽默化解小冲突等。他有着非常强烈的目标感，这种目标感得以让他超越和克服任何挫折，挫折是从事业务交易工作的必然产物。

这些特质还帮助他娶到一位各方面条件都比他好的妻子。这些年来，他发展并确定了这样的一种生活方式，那就是把他在工作上的激情与抱负无缝转化到生活中，努力成为：

- 最好的丈夫——对妻子贝琪而言。

- 最好的父亲——对女儿柯尔斯顿来说。
- 最好的兄长——对他的妹妹黛安和弟弟里克而言。
- 最好的朋友——对他可以交往的朋友们来说（范围之广，涵盖你所能想象的所有人群）。

他经常怀着深深的敬意和钦佩谈起他的父亲。在下面的章节中你会了解到，邓肯的父亲纳丁是一位因参与过第二次世界大战而获得过勋章的老兵，也是一位传奇的纽约警官。纳丁给邓肯传授了很多宝贵的人生经验，对把邓肯塑造成一名优秀的领导者功不可没。不过，毫无疑问，所有这些经验都没有"兑现你对他人的承诺"这一条更为重要。因为，这和邓肯每个月都要去纽约两三次探望妹妹的原因有关。让妹妹定期了解自己的生活近况似乎没有什么大不了的，但倘若我们知道，这是他父亲临终前的要求，而他的妹妹此时已整整昏迷了27年，我们的感受肯定大不一样。

邓肯对下面这段采访的贡献是独特的。作为领导者，你可能会被他的言语所吸引，因为，他讲了那么多，又讲得那么好。但是，真正打动你的却是聆听的力量，这是这个章节的重点。邓肯的话语之所以经常能与他想影响的那些人产生共鸣，原因就是，早在他开口讲话之前，他已经投入了一切必要的时间，了解对方的意图，理解和重视他们的想法的缘由。这也许是他作为一名杰出的销售人士和商业高管多年培养出来的技能，也许这是他与生俱来的天赋，并已以这样或

# 第 11 章
## 聆听的力量

那样的方式娴熟地运用于人生中,抑或是两者的某种结合。但有一点是肯定的,就是从邓肯的角度,如果你想有效地领导他人,你首先需要学会的是如何倾听!

**如果你对领导力足够重视,**
**在人生的每一刻你都会发现它的存在**。

——吉姆·邓肯

## 对聆听的投资

聆听是有效沟通的基本组成部分。聆听技巧对于分享和表达想法、给出适当的反馈、理解信息、辨识恐惧和信念,以及与他人持续进行开诚布公的对话,都是极为必要的。倘若没有聆听,真正的交流也不可能发生。

作为一名成功的商人和政治家,吉姆·邓肯拥有多年的领导经验,他深知聆听的力量及其对人们的影响。在生活中,当我们搜寻给过我们有效领导的榜样时,邓肯坚持认为,我们会第一时间把目光投向那些曾经聆听过我们的人身上。那些愿意花时间倾听我们的人,往往是我们生活中最有影响力的人,也是我们学习领导力的对象。

邓肯相信:"领导力与倾听、倾听的能力和允许他人表达有关。"

但就是这样简单的观点,做起来也并不简单。聆听是需要对另外一个人做出承诺的过程,是一种让他人感到被重视和被倾听的日常投资。高效领导者总是愿意看到个体的成功,通过搭建令他们的才华得以施展的道路,帮助他们取得成功。

成为领导者,意味着获得了巨大的机会,同时也肩负

## 第 11 章
聆听的力量

着巨大的责任。邓肯认为，领导者必须抓住机会，聆听下属的意见。而领导者的责任在于服务——不是向内对自己的服务，而是向外对他人的服务，服务那些想要帮助我们成功的人们。

## 棒球场上的领导力

领导力存在于人生的每个年龄阶段，即使是校园里的孩子也能发现和展示领导的才能。在布朗克斯区长大的邓肯，回忆了在一场非正式棒球比赛中，领导力所起到的决定性作用。

孩提时代典型的棒球比赛规则是，先选出两名队长，然后孩子们依次被选择。没有任何一个孩子愿意成为最后一个被选中的人。这是一个令人揪心的时刻，当只剩下你和另外一个人时，焦虑不断增加，都担心自己会成为最后一个被选中的人。

邓肯还记得最后一轮选拔的那一天，社区里那个打得不太好的孩子被最后一个选中。毫无疑问，当叫到他的名字时就说明他是最后被剩下的那一位。但随即发生的一幕让邓肯至今难忘。选择了这个男孩的队长走了过去，用胳膊搂着他说："嘿，我们真的需要你，有了你才能赢得今天的比赛。"

这么多年来，这一幕还深深影响着邓肯。虽然球队最终输掉了比赛，但对一个11岁大的孩子来说，这就是领导力的体现。因为在那一刻，队长表现出的对那个孩子的关心，让他觉得自己是有价值的，是球队中重要的一员。

无关乎年纪，能够给予他人信心的能力是优秀领导者的象征。那名队长表现出来的体育精神和领导能力不仅对最后入选的孩子产生了积极的、永久的影响，对包括邓肯在内目睹这场对话发生的旁观者，也带来了非常深远的影响。

## 不惜一切倾力而为

对我们最有影响力的榜样莫过于我们的父母或主要照顾我们的人。第二次世界大战期间，邓肯的父亲纳丁在美国海军服役，他是一名优秀的水手，曾参加了数次战斗。在一次战斗中，他们的战舰被击沉，船上一半的水手因此丧生。但邓肯很少从父亲那里听到关于战争的故事。他们那一代人是"沉默的"领导者，总是埋头苦干、努力工作、养家糊口。

从军队退役后，邓肯的父亲有意为社区服务，成为纽约市的一名警察。父亲可能挣得不多，但其用强大的自信弥补了经济上缺乏的安全感。

邓肯说："父亲的自信，对他人形成了鼓励，尤其是对他自己的孩子们。他让我们不断超越自己，努力前行，这种自信，从某种程度上来说是很难教会给他人的。因为，那是基于父亲生活经历所形成的内在特质。"

邓肯回忆起一桩20世纪60年代发生在纽约市中心民权暴动期间的具体事件。他的父亲和其搭档都是白人警察，他们逮捕了一名符合犯罪嫌疑人特征的美国人，但很快他们意识到那是个错误。尽管明知抓错了人，这名男子仍被关进了监狱。

于是，邓肯的父亲和其搭档在接下来的一年里，不遗余力地寻找真正的犯罪嫌疑人。他们在非工作时间也没完没了地办案，甚至为了寻找犯罪嫌疑人放弃了那年的休假。

这种倾力的投入和执着最终将真正的罪犯绳之以法。案件侦破后，邓肯的父亲也登上几乎所有报纸的头条，还上了电视。但这些荣耀丝毫没有影响到邓肯的父亲，他觉得他只是做了他该做的事情，仅此而已。

## 获得参与的权利

想成为一名成功的领导者需从学习沟通、倾听和解决

## 大师的领导课
### 卓越领导者的实践心得

问题这些最基本的技能开始，这些技能同样也是对成功销售员的要求。对客户进行广泛的研究，积极倾听他们面临的挑战，将你的产品定位为客户的解决方案，这些都是促成订单的必要条件。

邓肯大学毕业后，先是做了几份低阶的销售工作，然后才进入一家新兴高科技行业 Comdisco 电脑租赁公司⊖做销售员。也是在那里，邓肯学习到了培养客户关系的价值。

在那个时期的高科技行业，电脑还不是很普及，顾客做决定也很慢。这就要求销售人员必须保有耐心，尽可能多地了解他们的客户——包括他们孩子的名字和爱好。

邓肯说："这绝不是在一夕之间就能完成的任务，销售员即使知道暂时还不能成交，也需要聆听客户的声音和出现在客户的现场。作为销售员，要非常了解客户。"

在订单取得进展之前，可能需要数年时间播种和培养关系。但关系一旦建立，销售人员便能清楚地知道能够为客户提供什么样的产品作为解决方案。如此，不仅能让生意成交，同时，也能赢得帮助客户解决问题的权利。

---

⊖ Comdisco 电脑租赁公司创办于 1969 年，总部位于芝加哥。公司最早的业务是出售 IBM 计算机，后来将业务重点转到租赁上，成为美国最大的计算机租赁公司。20 世纪 80 年代，Comdisco 曾与 70% 的财富 500 强公司产生业务关系，包括美国最大的 50 家企业中的 49 家。——译者注

# 第 11 章
聆听的力量

邓肯进一步解释道:"这种权利还不只是有资格成交,而是有资格参与。"也就是说,一旦客户有需要,你能获得提供解决方案的邀请。要做到这样绝非易事,需要通过对客户的持续承诺以及时刻把他们放在第一位,随时聆听客户的需求来实现。

## 让信息自下而上流动

许多组织采用的都是自上而下的管理结构,信息是由高级管理人员传播至下级员工的。高级领导者通常被视为具有知识的人,而员工只是按照执行团队的愿景来执行。但这一套在 Comdisco 却不适用。

公司创始人兼首席执行官肯·庞提克斯(Ken Pontikes)经常走出办公室,与客户建立良好关系,与正在培养潜在客户的销售团队交流,并向销售人员寻求他们对客户的洞察和对市场的认识。

Comdisco 的销售理念是构建。这一使命源自庞提克斯的好奇心,他经常会问销售人员:"你正在构建什么?5 年后你的客户会在哪里?"

当被问到这些问题时,邓肯总觉得自己是在接受考验。其实这非但不是考验,恰恰相反,庞提克斯非常信任他,问他这些是为了获取市场信息，这就是他管理公司的方式。庞提克斯喜欢根据从员工那里得到的信息做出经营决策。从他信任的员工那里获得信息，是他判定市场走向的方式。

从投资 5000 美元开始创建公司，到年销售额达到 40 亿美元，庞提克斯就是通过让第一手信息流向他来实施高效领导的。不言而喻，庞提克斯为邓肯树立了领导力自下而上的榜样。作为领导者，你必须允许员工做他们最擅长的事情，并相信他们提供的洞察和方向，这样的领导者才能成功地实施领导。

## 学习真正地引领

对每一位领导者来说，第一次晋升为管理者难免会紧张，在培训匮乏的年代更是如此。数十年前，正式的领导力培训在组织中并不像今天这样普遍，员工主要是从试错中学习。

邓肯在 Comdisco 期间因出色的销售业绩上过《福布斯》杂志，被誉为"美国最好的推销员"之一。随着公司的高速发展，邓肯也开始向管理岗迈进。

第一次获得晋升的邓肯，第一本能就是复制自己。他知道如何能够成为一名优秀的销售员，也希望帮助他的同事取得同样的成功。但是，在试图创造和自己一样的团队成员的过程中，他意识到这是一件不可能实现的壮举。因为，人与人太不一样了。

每个人都是独一无二的个体，有着不同的个性和能力，邓肯知道他必须后退一步，让其他人以自己的方式没有阻力地脱颖而出。

通过大量的尝试，邓肯学到了"领导力就是让他人作为独特的个体成为自己想成为的人"。领导力就是，给那些在会上通常不举手的人一些机会，让他们说点什么。继而，这个人的讲话会让团队里的每个人感到震惊，因为没有人对他们有过期待。

邓肯认为："每个人在特定的情况下都有可能成为领导者。"领导力能够令他人绽放。领导者需要通过不断的经验总结以及向他人学习，获得成长并影响改变的发生。

## 将反馈转化为行动

随着 Comdisco 从一家初创公司迅速成长为一家价值 10 亿美元的企业，邓肯学到的宝贵经验不仅在管理方面，在生活中也颇为受用。为了应对快速扩张，销售部门转向"少即是多"的业务模式。这个模式的本质是，通过减少销售人员管理的客户数量,让他们投入更多的精力在优质客户上,以创造更多的收入。

这一变革要求将公司现有的两个主要销售部门合并到同一个系统中,以便客户信息能更轻松地在同一个账户上共享。但这次转型阻力重重,尤其是在销售团队,这对邓肯又是一次学习的良机。

有一天,邓肯团队里的一群客户经理邀请他出去喝杯啤酒。他们既是同事又是朋友,所以他一口应允。在这期间,话题自然地转向了工作,他的员工们说:"你教给我们最重要的就是聆听"。邓肯回答说:"哦,是的,这是销售的关键。"但他们回应道:"可你却没再听我们讲话。"

就在那一刻,邓肯突然意识到,他只是假设每个人都参与了部门的合并,每个人都清楚地知道公司这样做是为了实现什么。

邓肯听取了同事们的反馈,带着这些信息,邓肯和观察他领导风格和帮助他提升管理之道的咨询顾问进行了交流。在和顾问不断地推演和多次的会面后,邓肯终于明白,他需要在聆听他人讲话的时候,检查自我意识,并时刻保持意识在线。因为每每在谈话中,邓肯经常觉得自己已经回答了所有问题,并认为谈话已经结束。在他看来,不管那个人是否还站在他的面前,谈话都已经结束了。

这又是一个让邓肯顿悟的时刻,他重新复盘了从听到同事们的反馈到转化为行动的每一步是如何达成的。领导者对建设性的批评和意见反馈须持开放的态度，尤其是对那些真正关心你、希望你成功的人。通过接受批评并将其作为改进的动力，邓肯迈出了成为真正领导者的第一步。

### 转换赛道

在销售行业工作了几十年的邓肯退休后，将注意力转向了政治。作为一名美国公民，他不喜欢当前国家的发展方向，觉得有必要必须为此做点什么。他反思了父亲作为一名军人和一个顾家男人所树立的榜样，他希望自己像父亲一样，努力使国家的传统得以传承。在这个国家里，机会需要你自己去把握。而且，如果你愿意努力工作，成功和快乐也会如期而至。

环顾他的社区，他看到很多不开心的人，所以，他想作为志愿者推行他的观念。他原以为政治是为政治家而存在的，但实际上政治应该是为这个国家的公民服务的，这就是邓肯现在的观点。对国家的发展方向民众应有话语权。

不过，邓肯很快就了解到，在政治世界中，人只能以设定好的方式行事。当竞选某个公职时，你会被鼓励去适应这种既定的模式，那是为完美候选人设定的固定模式。

那里有很多的竞选顾问告诉你该说什么，该做什么，但这些建议对邓肯都不起作用。

他回顾了自己在 Comdisco 的日子，并将在公司所做的事情搬到了现在的工作上，那就是聆听人们的意见。邓肯开始通过参加市政厅会议与选民建立关系，在那里他可以直接从选民的口中听到他们面临的挑战和当下的担忧。

虽然这种做法有悖于顾问们的主张，但他听到的是那些打算投票给他的人的声音，而不是顾问们的意见，那对邓肯来说才是最重要的。

## 工作与生活的平衡

除了是一名成功的商人和政治家，邓肯还非常重视他的个人生活。邓肯的人生哲学是："如果你将工作和生活混为一谈，肯定对工作没有好处。"邓肯持有的态度是，人需要为把工作留在工作的地方而努力，这样你才会真正地待在家里。为了提醒自己把工作和生活分开，邓肯把自家前院的一棵树称之为"烦恼树"。一旦他把车开进车道，经过那棵树，他就不会再谈生意上的事了。那之后的时间属于家庭，属于真正聆听家人们的日常琐事和让他们感到被重视、被聆听的时间。

# 第 11 章
## 聆听的力量

将生活从工作中分离的能力对成功的领导者非常重要。领导者无需时刻扮演领导的角色。身为领导者的人生应该是丰满的。此外,邓肯还警告说,如果你想成为一个成功的人,你最好先是一个完整的人。如果你不是这样的人,你离失败也就不远了。

## 无处不在的领导力

在工作和生活中,领导力可谓无处不在。无论是看到一位母亲正在为安慰孩子而焦头烂额,因此打算伸出协助之手;还是为陌生人开门;或是在重要的会议上给员工提供发表看法的机会,领导力就是在这些最平凡的时刻浮出水面的。人们注意并铭记在心的,是你的谦逊和乐于助人。领导力是帮助他人作为独特的个体成长,是愿意后退一步耐心聆听。如果你对领导力足够重视,在人生中的每一刻你都会发现它的存在。

\* \* \* \* \* \*

## 领导力作业园地

- 用一棵"烦恼树"把你的个人生活和职业生活分开是个好主意吗?
  同意还是不同意?解释你的理由。

- 用下面的标准,给自己的答案打分。1分:非常无效;3分:一般有效;5分:非常有效。
  你真正聆听他人的效果如何?

- 用具体的例子说明,你如何能够成为一个更好的聆听者。

# 第 12 章
# 做真实的自己

### 克拉丽莎·艾特·史密斯

布琳·布朗[一]总是可以在很短的时间内教导各式各样的人。她的课程通常可以概括在勇气这一主题内,同时可以作为独立的课题提供价值。她的课程的中心思想是"争辩"。那是一种最真诚、最发自内心,但也从来都是最难开口的对话。我们中的许多人,由于种种原因,都缺乏发起这种对话的勇气。

我们相信布琳·布朗一定会为克拉丽莎·艾特·史密斯而感到自豪!事实上,作为领导者,克拉丽莎·艾特·史密斯的许多同事用来形容她的第一个词就是"勇敢"。例如,我们都有过在会议上与强权人物讨论争议话题的经验,他们从桌子那头探过身来向我们发问:这事你怎么看?

---

[一] 布琳·布朗(Brené Brown):美国休斯敦大学社会工作研究院教授,研究课题包括脆弱性、勇气、真实性和羞耻。2009 年,被《休斯敦女性》杂志评为"2009 年最具影响力的女性"之一。布琳·布朗在 TED 的演讲《脆弱的力量》是 TED 网站上最受瞩目的演讲之一。——译者注

与发自内心地回答问题相反，我们中的许多人的第一反应就是快速启动大脑的"或战或逃"模式，然后预测会议走向，再决定怎么回答对自身有好处，或者至少对自身无害处。但相比之下，克拉丽莎·艾特·史密斯却是笃定地坐在那里，直视着那个人的眼睛，然后，清楚而冷静地表达应该被提及，但却有意无意被人们回避的意见。

有这样一个实例。很多年前，克拉丽莎·艾特·史密斯供职的一家公司，因证据确凿，决定辞退一名表现出色且受人尊敬，但说了一些不该说的话（确实如此）的员工。虽然该员工并不是恶意蓄谋，但他的确犯了大错，并因媒体的曝光使事态升级。因此，公司打算和该员工以解除劳动关系作为回应。

事情发生后，决策者向克拉丽莎·艾特·史密斯等人询问意见，与会的其他人都用沉默表达了赞同，但克拉丽莎·艾特·史密斯走上台前，坦诚地说出了自己的想法。虽然这对她几乎没有任何好处，但她还是发表了一个不受在场高管支持的观点。公司试图通过牺牲这位敬业的员工来应对危机、平息事件。但这位员工不仅业绩突出，还是一位尽职尽责的丈夫和父亲，就因为一个错误被辞退。虽然这样处理所带来的后果也是在掌控之中，但这样严重的处罚所传递的令人不安的信息，会清晰、响亮地放大到整个公司。类似这样的混战对克拉丽莎·艾特·史密斯来说已是常态，但人们也因此更加地钦佩她。

克拉丽莎·艾特·史密斯富有同情心，对低收入者时时

# 第 12 章
## 做真实的自己

加以关注,而且以实际行动来体现这份关注。亦因此,富有同情心和关怀他人是人们给她的另一个定义。她多年前的一位同事分享了这样一个故事:克拉丽莎·艾特·史密斯因在工作中的出色表现和取得的重要成果而得到了一笔丰厚的奖金,这让她欢欣雀跃,因为这笔钱能为她在肯塔基州的父母买一个新的屋顶,那是她儿时的家。

对克拉丽莎·艾特·史密斯来说,这不是个案,而是惯例!她一直在尽其所能地帮助他人,从不指望他人因她的慷慨而叫好,也无须为她的努力而庆祝。她经常帮助需要帮助的人!这些看起来都是些不足为道的小事,但实际上,却不是!

\* \* \* \* \* \*

**人们因试图成为别人希望的样子,而导致了自己的失败。**

——克拉丽莎·艾特·史密斯

## 领导者是天生的

领导力很难定义,因为它关乎每个人,所以对不同的人也有不同的意思。若你从网上搜索这个词,很快会得到数千个不同的定义。虽然领导力很难诠释,但在面对伟大的领导者时,大多数人还是可以本能地感受到的。

现任执行董事克拉丽莎·艾特·史密斯认为,"虽然人们希望领导力是易于定义的,但其实很难,而且其也不应该被定义。人们若想取得成功,更加需要多样化的领导力。"

领导者不应禁锢在某个特定的领导模式里,他们应该遵循与生俱来的本能,培养出自己独特的领导能力。克拉丽莎·艾特·史密斯说:"你需要诚实地面对自己。很多时候,人们因试图成为别人希望的样子,而导致了自己的失败。"

成为一名高效领导者的路径是宽阔的,与职位或权力无关。领导者们可以表现出广泛的特征和价值观,不过伟大的领导力最终取决于领导者影响他人实现共同目标的能力。

# 第12章
## 做真实的自己

## 影响力与领导力

克拉丽莎·艾特·史密斯很小就懂得影响的力量。她曾在高中时组织过一次罢课,以抗议学校的管理部门因暴风雪推迟毕业日期的决定。学生们认为他们不应该因为恶劣天气而受到惩罚,应按时而不是推迟一个月毕业。在很短的几个小时之内,克拉丽莎·艾特·史密斯就组织起了一场大规模的整个高年级学生都参与的罢课活动。

也就是在那一刻,克拉丽莎·艾特·史密斯意识到她对同学们产生的一定的影响力,那是她通过与同学们的沟通,激励他们朝着一个他们以为不可能实现的共同目标前进所造成的。至此,在决定性时刻引领大家聚焦共同目标,这种意识贯穿了她的整个职业生涯。

克拉丽莎·艾特·史密斯认为:"对于领导者来说,最大的挑战之一就是让人们在困难的时期能够专注在重要的事情上。"在组织内部动荡的变革中,保持高效团队的成功,即使对最优秀的领导者来说也是一个巨大的挑战。领导者需要十分了解自己的员工,才能让他们持续专注在重要的事情上。

克拉丽莎·艾特·史密斯说:"你必须视员工为一个整

体,尤其是当公司正在经历可能导致人们失业的困难时期。如果你了解你的员工,你不仅了解他们工作的动力,还了解他们生活的动力,当企业遇到困境时,管理这些员工就相对容易,因为你了解他们的全部。"

这种程度上的支持和理解对员工非常有效,克拉丽莎·艾特·史密斯说。"因为他们知道,无论最后发生什么,你都会支持他们,这让他们能够心无旁骛地专注于目标。他们也知道,不管最终是否受到不利的影响,他们都会得到来自于你的支持。"

## 培养领导力

克拉丽莎·艾特·史密斯建议,为了卓有成效,领导者必须不断提升自己的技能,或者"锻炼他们的肌肉"。领导者的天性是人人都具有的,若加以适当地培养,便能转化为卓越的领导能力。但若疏于培养,这些技能或许永远不会再被使用。

"这就像肌肉没有得到锻炼一样。"克拉丽莎·艾特·史密斯说。领导者需从他们的上司、教练或同事那里得到鼓励,去锻炼这些肌肉和构建这些技能。谈到具体方面,克拉丽莎·艾特·史密斯认为,求知欲和沟通是高效领导者最重要的两项技能。

优秀的领导者从不会停止学习，他们致力于不断提升和发展自己的领导技能。克拉丽莎·艾特·史密斯会在招聘过程中使用一种独特的提问方式来发现终身学习者。她会问类似这样一些简单的问题，比如"告诉我你最近读的一本书是什么"或者"你上次听到令你吃惊的消息是什么时候"。通过应聘者对这些问题的回答，克拉丽莎·艾特·史密斯大体上可以了解他们工作的态度，以及他们是否愿意为个人的成长和发展付出额外的努力。

"如果人们不能回答这些问题，他们极有可能就是得过且过，每天做着同样重复事情的那类人，就像每天都做同样的甜甜圈"。那么这类人只是为领工资而来，缺乏去做超过最低限度工作的动力和意愿，更不愿承担更多的责任。领导者需要能够在招聘过程中就挑选出这些低绩效者，以免他们成为全职的问题员工。

## 女性领导者的挑战

女性在职场中面临着更高的门槛。虽然这一直是热门话题，但还是不能因此掩盖无意识的偏见令女性和少数族裔在职场上处于不利地位的事实。

克拉丽莎·艾特·史密斯说:"无论明示还是暗示,女性领导者总被期望要表现得像个男性一样。我们需要用和男性相似的方式非常直接地与人交流,不带有任何的情感色彩。"

在她的职业生涯中,克拉丽莎·艾特·史密斯多次被指责过于情绪化。"在我25年的工作中,我从未听过一个男人对另一个男人说,'不要带有情绪或抛开情感因素',从来没有。"

当女性显示出对某件事情的极度热情时,通常会被视为负面的。但当男人们表露情感时,则会被视为强有力的领导者。为了在工作中获得一席之地,不仅仅是情感,从职业着装到说话的语气,女性必须格外关注男人们从未考虑过的日常生活中类似琐碎的事情,这就是偏见的所在。

男性领导者需要更加有意识地帮助女性打破这些"琐碎事情"的藩篱。同时,也需要认识到,女性和男性一样重视自己的事业。

今天,在所有行业中,董事会仍然主要由男性来主导,克拉丽莎·艾特·史密斯认为,现在男性是时候应该站出来了。"认为在某种程度上,女性要对这一改变负责的想法是一种谬论。只有男性做出改变,改变才可能发生。"

在女性领导力方面,男性必须是她们的支持者。他们必须认识到,他们这样做,会对未来的女性——包括他们自己的女儿和孙女都将产生积极、持久的影响。他们不能盲目地认为现在发生的事情不会影响他们的女儿的未来，他们必须现在就为她们的成功铺平道路。

## 流动的领导力

"数十年来，人们试图一直保持不变。环境、技术和工作都在变化，而人的观念是唯一不变的。但当下的人们需要改变自己来适应这些变化。"克拉丽莎·艾特·史密斯说。所有这些变化也为不同领导方式的创新注入了新的燃料。

当下的经营环境早就超越了组装流水线的时代，进入了一个更为自主的劳动力时代。克拉丽莎·艾特·史密斯认为，随着独立工作的开展和越来越多的人在办公室之外工作，未来的领导力越来越流动，人们越需要自己领导自己。

市场的变化只会越来越快，需要伟大的领导者来引领和应对变化。克拉丽莎·艾特·史密斯认为，领导者必须记住，员工实际上是志愿者。他们不会仅仅为了薪水而投入时间和精力，虽然薪水是一种福利，但它并不是员工敬业的最终驱动力。领导者需要注意的是，员工可以选择将他们的时间和精力投入他们的项目中，但这不是必需的。亦因此，领导者需要赢得员工的信任，并将这些志愿工作时间转化为富有成效的成果。

**大师的领导课**
卓越领导者的实践心得

＊＊＊＊＊＊

## 领导力作业园地

- 人们对女性领导者的期望高于男性,对此你认同还是不认同?你的理由是什么?

- 谁是或曾是你的领导力教练?

- 你的领导力教练在提升和鼓励你在领导力和个人发展上做了什么?

- 你可以采取哪些措施来有意地鼓励或加强组织中某个人的领导力发展?

# 第 13 章
# 更加关注人

### 大卫·布伦南

在与大卫·布伦南谈论领导力时，你的第一个感悟是，卓越领导者们是多么地善于思考和反思。但同时，你也被警醒，不管他们取得了怎样的成功或者获得了怎样的荣誉，能够走到今天这样的位置，没有任何一名领导者不是经历过一两次的遗憾。当布伦南被要求回顾他的领导力之旅时，他坦率地讲述了一件发生在40年前的事。很明显，那是一段痛苦的记忆，而当他回忆这件事的点点滴滴时，会让你感到听到的是发生在昨天的故事。

事件发生在他从事第一份管理工作 6 个月左右的时期。作为区域经理，他负责管理 10～12 名区域代表的销售业绩。布伦南是凭借其在销售代表岗位上的出色表现获得晋升的。在做销售代表的他，因非凡的成就感、极度的任务专注力和出色的业绩，从同事中脱颖而出。当时，他们那个水平的销售代表，追求的是把产品的特点及优势，准确传达给目标客户。但布伦南却认为，在介绍自家产品之前，应该对竞争对手的产品如数家珍。为此，他花了很多的时间，通过比别人更加地自律、投入和奉献，获得了这一独特的能力优势。

在他升任经理后，他对部分直接下属缺乏类似的动力感到十分沮丧和恼怒。其中一名销售代表就非常典型，他在这个位置上已经干了20多年，但仅能够达成业绩，把分内的工作做好，和大家一道继续前行。布伦南以自己的亲身经历，试图向这位终身雇员灌输更强烈的使命感，但他的这一努力却导致了这位销售代表的提前退休。当布伦南问他原因时，他得到的答案是："我再也不想为像你这样的混蛋工作了。"

那次失败的经历，对后来成为世界上最大制药公司之一的首席执行官的年轻经理人产生了深远的影响。管理的真实意义是：专注于重要的任务、里程碑的进展和明确的目标。这些目标要么达成，要么失败，要么超越。目标越宏大，就越会让背负它的人感到不舒服。有些人启程伊始就能看清这一现实，但还有一些人，而且可能是大多数人，在没有真正碰壁、亲身经历困顿之前，对可能遇到的逆境多是茫然无知的。优秀的管理者在伴随目标达成的过程中，需要驾驭周期性的不确定性，带领人们走出困境，达成目标。

相比之下，领导力是关于客观直觉的。它是一个过程，是需要你花精力处理你试图影响的人的独特需求的过程，而非预先定义面对新兴挑战时自己的舒适度。布伦南早期的教训告诉他，客观直觉的养成需要时间的沉淀。客观直觉是关于建立与你一道完成工作的同事们的关系的，是时不时发出的关切询问，如："是否有什么和你专业能力无关的事情，阻碍了你的表现"。

# 第13章
## 更加关注人

随着职业生涯的发展，布伦南还敏锐地意识到，许多管理者常常会替下属开脱责任，但这种善意绝对是误导。简单地说，就是当你的下属因遭遇工作上的困难，征求你的建议时，你应该立即引起相当的警觉！因为当你用告诉他们你会怎么做来回应的那一刻，等于你已决定了一个行动方案。一般来说，老板不能随便提供建议，老板的建议其实就是命令，即使这些建议的初衷也就只是建议而已。根据布伦南个人的经验，在组织中，你的职位越高，你不仅需要慎重地给出建议，还需要注意自己的提问方式。因为，当你身为首席执行官时，你问的是时间，你的下属很可能会成立小组来尝试确认："你觉得老板刚才所说的……时间是什么意思？"

在这个章节，你还能从布伦南身上学到的是，把复杂事情简单化的重要性。当人们清楚需要做什么时，就会采取行动。当人们行动时，就能取得成果。当然，最好是每个采取行动的人都理解并接受总体战略。不过，最重要的还是人们清楚自己在做什么，以及应该如何做。

布伦南说："这就像你经过一个建筑工地，你问砌砖的工人他们在做什么时，第一个人可能会看着你，好像很厌恶你的明知故问，然后说，'我正在往这块砖上放砂浆'。另一个人可能会后退一步，并告诉你说，'我们正在建造一堵墙'。第三个人可能会停下来，看着你的眼睛说，'我们正在建造一座大教堂'。作为领导者，你必须明白，这三类人都能在帮助你实现目标上起到重要的作用。"

**大师的领导课**
卓越领导者的实践心得

\* \* \* \* \* \*

领导力是人与任务之间的微妙平衡。

——大卫·布伦南

## 管理与领导力

"领导力是人与任务之间的微妙平衡。"领导力不仅仅是实现目标,扭亏为盈;还是指导、教练和激励那些朝着你的目标努力的人们。此外,优秀领导者还会在个人层面与员工们建立关系。

阿斯利康股份有限公司[一]前首席执行官兼执行董事大卫·布伦南,在其整个职业生涯中不断锻造着自己的领导方式。作为一个以任务为导向的人,布伦南的感受是专注于手上的任务要比专注于业务里的人容易得多。亦因此,他花了很长时间才学会如何在人与任务之间取得平衡。

"我一直认为,训练管理技能比训练领导力更为容易。"布伦南说。领导力不是通过某次培训课程就能获得的技能,它更像是一个旅程,需要假以时日来提升和发展。对每位领导者来说,这趟旅程都是不同的,需要关注的领域也各不相同。

---

[一] 阿斯利康股份有限公司(AstraZeneca):是全球领先的制药公司,由前瑞典阿斯特拉公司和前英国捷利康公司于1999年合并而成,总部位于英国伦敦 。——译者注

## 进阶管理者

布伦南的职业生涯始于在默克集团担任药品销售代表。他将自身的抱负与对销售的热爱完美地融合,开发出一套独特的符合商业伦理且直截了当的销售方法,且令其大获成功。有别于其他同事,他通过对竞争对手的产品的深入研究,使自己能够与医生进行更高层次的对话。

布伦南的这种方式并不是用来博得赞誉和关注的,他之所以能把这种方式总结出来,是因为他知道在医院的环境中,医生们都是受过高等教育和重视学习的人。布伦南说:"如果你想融入其中,就必须具备能够和他们对话的能力。"通过对竞品和市场的持续研究,布伦南取得了斐然的销售业绩,并因此晋升到管理层。

布伦南将他以目标为导向的理念带入他的第一个管理岗位上,可是很遗憾,他没有取得同样的结果。布伦南说:"作为经理,那时的我有点不近人情,因为我太专注于结果了。如果人们不能以我认为我们应该达到的速度完成目标,他们就会有麻烦。"

事实上,布伦南是从他的员工那里得到坦诚的反馈,才认识到他的行为给别人造成的影响。"我此前并没有意识到这一点，我要退回到原点，告诉自己'我需要更多的自我觉察、更多的同理心，以及在某种程度上更多的自谦，才能够用不同的方式与不同类型的人建立联系'。"布伦南说。

虽然员工也会对雷厉风行、眼里揉不进任何沙子的管理风格的人给予回应，但大多数员工还是喜欢平易近人和真诚的管理者。他们想了解西装背后的这个人，以及基于个人层面的一些事。虽然这可能会暴露出领导者的某些弱点，但结果是你会拥有一支更敬业、更高效的团队。

一个人的领导风格是基于他的个性和组织的文化养成的。诚然，布伦南是以专注于目标和结果著称的，但默克集团以绩效为导向的文化也强化了他的这一行为。在那个商业时代，领导者对利润的关注远胜于人，已成为经营的标准。然而随着商业世界的变化，组织的文化和领导的方式也必须发生与时俱进的改变。

## 深刻的领导力教训

领导力是由领导者的经历（包括好的和坏的经历）塑造而成的。尽管默克集团的基础管理者培训课程给了布伦南很多帮助，但在领导力方面他需要学习的功课仍然很多。

纵观布伦南的职业生涯，有两件决定性的事件给他的领导力好好上了一课。

第一课是来自他上任后聘请的第一位销售代表。为了让他达到工作要求，布伦南花了很多时间培训他，但最终，这个人还是不能适应销售岗位。但布伦南还在坚持，只因那个古老的、自我兑现的预言的影响，"我既然请了他，就要把他培养好"。

直到有一天中午，布伦南团队里一个有着15年丰富经验的下属来找他说："我们几个人一直在谈论你给我们的时间太少了，因为你把所有的时间都用在那个人身上了，但他可能真不是块做销售工作的料。你不是在发挥你的优势，而是让你的弱点消耗了你。你和我们一起下到基层时，你是那么的光彩照人，而这也正是我们需要帮助的地方。"

这次谈话迫使布伦南重新评估了自己是如何安排时间，和自己是否愿意承认在招聘上犯下的错误。经过慎重考虑，布伦南向他的上司，大区经理做了汇报：新人不胜任销售岗位，需要让他离开。大区经理回答说："哦，我几个月前就知道了。不过我一直在等你自己悟出来，很高兴你终于悟出来了！"

布伦南对大区经理的回应大感意外，纳闷大区经理为什么不早点告诉他。不过，后来他才意识到，大区经理的工作是确保区域经理能从工作中学习和成长，而请到合适

## 第13章
更加关注人

的人是区域经理必须学习的事情之一。

第二课涉及一位有着20年经验但业绩平平的销售代表。这个人满足现状，不愿意承担哪怕是多一点点的工作。本着帮助他提升业绩的想法，布伦南采取了更为积极的方式，把他的任务导向理论推荐给这位销售代表，而非在他薄弱的方面进行指导。

一个星期六下午，刚出差回来筋疲力尽的布伦南接到了这位销售代表要辞职的电话。布伦南想问他离开服务了20年公司的原因，但对方说，"我只是想告诉你，我要辞职了，现在你知道了"。然后就挂断了电话。

布伦南马上打电话给他的大区经理，告诉他销售代表要辞职的事。大区经理坚持认为不能让一个有着20年销售经验的专业人士辞职。布伦南也认同，并解释说，他也这样劝他，但他就是听不进去。大区经理提议他们到销售代表的家里去拜访他，于是，他们开车到了他的公寓，停好车后，走上后面的台阶。

接下来发生的事情是布伦南记忆中最有价值的领导力教训之一。客厅里空无一人，销售代表坐在躺椅上，周围是他女儿和妻子的照片，旁边放着一把枪。或许，他离自杀也只有一瞬间。

幸运的是，布伦南和他的上司还能够和销售代表谈话，并马上把他送到一个治疗中心，在那里待了一两个月。布伦南本想在他治疗期间仍保留他的销售岗位，但那人却说，"我再也不想为你这样的混蛋工作了，所以我还是决定提前退休"。

那还是布伦南第一次了解这个人的生活状况。他的妻子刚刚去世，女儿们认为他偷了所有的保险金，和他断绝了关系，他就这样被家人抛弃了。在这个人的整个世界崩塌之际，布伦南毫不知情。布伦南从来没有问过一个关于他个人生活的问题，他问得最多的就是产品信息、拜访路线和区域里的情况，从来没有问过他的个人生活。

这件事让布伦南深刻地认识到了解员工生活环境的重要性。布伦南说："领导者必须不仅对工作，而且也要对人给予更密切的关注。"与员工多交流，了解是否有阻碍他们实现目标的情况存在。工作范畴内的谈话通常相对容易，但员工的私人问题，有时可能生死攸关，就像布伦南遇到的一样。

### 了解背后的意义

当员工们理解目标或目的背后的意义，工作起来往往会更有动力、更有效率。人们需要将行为与目标联系起来，知道自己的表现对目标产生的影响。这一点是布伦南还在大学打橄榄球时体会到的。

那时，布伦南还是一名大二的学生，他击败了他的好友，高级进攻后卫比尔·欣德获得了首发进攻线的位置。布伦南开始还担心这会引起好友的不满，但很快他就意识到，欣德关心的重点是进攻线的成功。不管他对布伦南的感情如何，欣德都明白，教练对球队首发阵容的安排自有其道理。教练关注的重点是整支球队，而不是某个人。欣德是能够将自己的情绪，与最终的目标——赢得比赛，区分开来的人。

同样的挑战其实贯穿在布伦南的整个职业生涯。他说："我的工作经验告诉我，不是每个人都对你提出的观点或你将要做出的影响整个团队的决定感到满意，这是你必须要面对的挑战。但当你清楚这样做的意义时，你就更能坚定自己的决策，即使这会让一些人不舒服。"

人们需要相信他们正在做的事情。他们希望为重要和有影响力的事情做出自己的贡献。这种寻求有意义工作的动力推动着员工们前行，领导者需要帮助他们建立与这些动力的联系。

## 构建信任与责任

有效的领导力是指培养协作、建立信任、打破职场壁垄的能力。领导者必须努力淡化自己的职位权力，与员工保持有效的链接。

布伦南说："你必须让员工看到真实的你，了解你这个人，这样他们才能认识到你和他们没有什么不同。也许你的职位可能与他们不同，但你是一个人，那个人也是一个人，你们需要能够在这样的层面上建立关系。"

领导者与员工建立关系是一切的基础。这并不是说非要建立私人关系，但一定是要为构建信任和责任而建立的关系。

布伦南在担任阿斯利康股份有限公司首席执行官后，惊讶于管理团队向他征求意见的程度。由于公司前任首席执行官所设计的组织架构缺乏真正的担责机制，每每高管团队前来征询意见，他基本上都会直接告诉他们该怎么做。也许前任首席执行官对这样的角色很满意，但布伦南却并不相同。布伦南不明白为什么运营部的人要征询他的建议，他又不是运营专家。

从减少经理人频繁地请求批准预算开始，布伦南着手改变授权的力度。虽然此举遭受到董事会成员们的强烈反对，但布伦南坚持认为："若要把责任真正下放到组织中，其中一个重要标志，也是人们需要遵循的一件事，就是授权"。

布伦南打造了一个全新的担责组织，为此和员工们重新签订了劳动合同。他给高管团队注入了信心，让他们能够决策并掌控团队。布伦南把最高管理层视为一个专家团队，为了让组织更顺畅地运行，每个人都需要担起自己的责任。而这一切始于他对团队的信任。

## 坦诚正直、直截了当

对生活和商业的坦诚正直，以及直截了当的行事作风，令布伦南取得了巨大的成功。他大幅提高了公司的收益，并把担责文化带到了组织的最前线，影响了不同层级的人们做出了非凡的改变。他的领导力发展旅程，使他能够更好地和他人建立联系，并与他们保持住良好的关系。虽然，实现利润确实非常重要，但正如布伦南领受到的深刻的领导力教训，最终，人才是企业的核心。

\* \* \* \* \* \*

## 领导力作业园地

鉴于以下的表述和自我评估给自己打分：1 - 绝对无效；3 - 可以接受；5 - 绝对有效。

- 你是否擅长在工作中与他人建立关系？确定一个你可以改进的具体行动。

- 你如何确保你的团队成员理解他们正在做的工作背后的意义？确定一个你可以确保他们理解的具体行动。

- 为直接下属提供建议或意见来解决问题更难让他们对结果负责。你同意还是不同意该观点？说出你的理由。

# 第 14 章
# 持续推动

### 希拉·西蒙

若出于好奇，再深入一些了解希拉·西蒙的背景，你的脑海里可能就会浮现出电影《我的堂兄维尼》中的那个经典片段。在影片快结束时，在法庭上，维尼·甘比尼（乔·佩西饰）打电话给他的女朋友蒙娜·丽莎·维托（玛丽莎·托梅饰），请她作为汽车方面的专家证人为谋杀案出庭作证。检察官对维托的资格表示怀疑，并要求她做出解释，维托回答道：

*我的父亲是机械师。*
*我的叔叔们是机械师。*
*我的哥哥们是机械师。*

维托是在一家修理店长大的，她耳濡目染，自己已完成过不知道多少遍发动机修理流程，因为他们家就是干这个的！检察官确认她的经历符合要求，她被允许出庭作证，正义最终就以这样一种戏剧性的方式得到了伸张！

若按照这个思路，西蒙的成长经历无疑也使她有资格成为美国政治领域的专家。因为，她的母亲珍妮·赫尔利·西蒙和父亲保罗·西蒙都是伊利诺伊州前州议会议员。保罗·西蒙后来还担任了伊利诺伊州的副州长、美国众议院议员（1975—1985年）、美国参议院议员（1985—1997年），并于1988年竞选过美国总统。西蒙从小就浸泡在父母言传身教的美国政治环境中，她非常清楚领导人都做了什么以及他们是如何做到的！

有了这种家庭传承的西蒙，从乔治城大学法学院毕业后追随父母的脚步，应该说绝对不会有人感到意外。她历任伊利诺伊州卡本代尔市议会议员、州助理检察官，以及伊利诺伊州第46任副州长。她的政治生涯经历过胜利，也遭遇过失败。对她最准确的描述应该是：赢就赢得优雅且鼓舞斗志，输也输得不失尊严和人心。但不管赢还是输，西蒙都将这些经历视为学习重要东西的良机！

西蒙第一次当选副州长后，摆在面前的任务是即刻组建团队。经过慎重的考虑，她有了自己的选择。但她的核心圈子里的一位成员善意地提醒她，团队中的女性太多，很有可能因此带来不必要的政治后果。

基于那个人的观察，西蒙重新审视了自己团队的性别组成，男性还是居多。由此她得出结论，既然自己确实是根据岗位需要做出的选择，那就没有必要为此担心！

在没有出任公职之前，西蒙是南伊利诺伊大学的一名法学副教授，经常被称赞为"超级聪明"的她，永远是脑子先行。除了聪慧，她还具备耐心、爱心和深入骨髓的谦逊。在她的眼里每个人和每个观点都非常重要,无论是和她的意见相同还是相左。她也不觉得这样看问题就是对自己的刻意贬低。

西蒙知道,20世纪到21世纪期间,女性在领导力方面已经取得了巨大的进步。同时她也明白,无论在政治方面还是商业领域,人们对待女性领导者还存在细微的差异,要想让女性得到完全的认可,还有很多工作要做。

\* \* \* \* \* \*

**领导者应帮助人们学习。**

——希拉·西蒙

## 投身于积极的事务中

公务员的热情和兴趣是帮助他人并对社区产生积极的影响。伊利诺伊州前副州长希拉·西蒙就是这样的人，她将她的整个职业生涯都奉献给了她热爱的服务和教育领域。

从律师到法学副教授到市议员再到副州长，西蒙带着极大的热情投身于公共事务中，并乐见由此带来的影响和改变。虽然现在的西蒙看上去履历光鲜，但她政治生涯的崛起倒并不是因她显赫家庭的加持。

## 激情与政治

希拉·西蒙是美国前参议员保罗·西蒙和伊利诺伊州前州议会议员珍妮·赫尔利·西蒙的女儿，从父母那里她学到了很多与领导力相关的技能。她记得有一次她问母亲是如何决定要把票投给谁这类大事的，母亲说，与价值观相似的志同道合者和值得信赖的人建立联系，是她在做艰难决定时最好的资源。事实上，就是因为在关键问题上的结盟，促成了她的母亲和父亲结为伴侣。

在这种领导力影响下长大的西蒙，自然而然地被领导

# 第 14 章
## 持续推动

角色所吸引。在俄亥俄州斯普林菲尔德市威顿堡大学<sup>⊖</sup>担任学生会主席期间,西蒙就领导了一次有关外语学习的运动。在那之前,外语只作为可选课程,但学生们认为,如果每位威顿堡大学的毕业生都拥有一门外语背景,无疑将增加他们的学位价值。

之后,西蒙去到卡本代尔市议会承担更重要的领导角色。但这并不是西蒙最初属意的岗位,是有位邻居告诉她,该市正在扩大市议会的规模,并鼓励她参与。这激发了西蒙的兴趣,并因此决定竞选市议会议员。

在担任市议会议员的四年时间里,西蒙致力于让更多的人参与到地方政府事务中来,并尽可能地将她们服务的项目告知公众。在这期间,市长管理城市的方式令西蒙颇有微词,因此,她做出了一个大胆的决定,参加市长竞选。虽然最终西蒙落败,但她并没有因此受到打击,相反,她享受竞选带给她的影响,并从她和她的团队的努力中找到了投身政治的意义。

2010 年,西蒙的政治生涯出现了意想不到的转折,她成为伊利诺伊州的副州长。这是因为在民主党的初选中,本来斯科特·李·科恩稳获胜利,但在选举结束后仅仅五

---

⊖ 威顿堡大学(Wittenberg University):位于俄亥俄州斯普林菲尔德市,该校建于 1845 年,是一所四年制私立文理学院。——译者注

天,他就在因私生活被媒体曝光后导致的争议中退出了竞选。这使民主党不得不急于找人替代他参加大选。鉴于全州范围内的候选人都来自库克县,也就是芝加哥市所在的县,共和党人认为选择来自伊利诺伊州南部的人参选或许更加有利。

来自南伊利诺伊州的西蒙,因在市议会工作中的出色表现,作为一个可能的竞争者出现了。经过一系列在党内领导小组和全州会议上的演讲,她最终被民主党选为伊利诺伊州州长帕特·奎因的竞选伙伴。两人最终赢得了普选,也开启了西蒙在接下来的四年时间担任副州长的旅程。

## 宝贵的一课

领导者不一定是房间里声音最大的人,或是最为资深的员工。领导者应该将自己定义为知识的传授者,或鼓励他人的人。"领导者应帮助人们学习,"西蒙认为,"领导者应推动他人进步,而不是把人们拖拽到他们本不想去的地方。"

西蒙从她的好朋友道恩·克拉克·奈奇那里学会了在分享知识上花时间的重要性。道恩·克拉克·奈奇曾是伊利诺伊州首位当选的女审计长。奈奇还与时任州长的吉姆·埃德加一道角逐过州长一职，这也让她成为第一位获得主要党派州长提名的女性。

西蒙回忆起一个让她至今难忘的时刻。那是在一次新闻发布会上，当时奈奇正在讨论国家预算，她对整个过程了如指掌，显示出极其渊博的知识储备。西蒙说："她可以就每一位记者提出的问题归根溯源，给出最为细节的回答，这简直太厉害了。"

虽然奈奇输掉了选举，但她给西蒙留下了极深的印象。她说："她给我做了一个很好的榜样，让我真正知道我正在做的和我正在谈论的事情究竟是什么，然后再花时间详细地解释给人们听，以让他们加入我们的队伍。"这种程度的认同对成功的领导者来说至关重要。

## 女性面临的领导力挑战

虽然女性在领导力方面取得了巨大的进步，但在高级职位的数量上仍然存在明显的性别差异。造成这种差异的原因有很多，但西蒙认为，这和男性对待领导力的方式与女性有着显而易见的不同有关。

她说："并不是因为女性缺乏自信，而是男性在某些时候过于自信。"男性的思维方式更像是"我知道我是对的"，然后就迅速实施他的想法或解决方案。但女性在制定解决方案之前，通常会更审慎地收集不同人的意见。也就是说，女性偏向"多合作，少假设"。虽然并不是每个人都这样，但女性更希望能够通过团队合作来解决问题。

"认识到需要有不同的观点是非常重要的。"西蒙说。在担任副州长期间，她聘用了很多合格的女性在其团队中担任高级职务。但西蒙知道，在致力于性别平等方面，还有很多工作等待着她去做。在全国各地、各行各业的董事会实现多元化之前，她还需为此更加努力。

## 持续推动问题的解决

领导力不仅仅是赞美和认可，更是服务他人的热情、动力与奉献。在担任副州长期间，西蒙学到了坚持不懈对成果推动的重要性。

为伊利诺伊州的民选官员们制定一个更好的信息披露法案，是西蒙在任期间积极推动的项目之一。该州虽然有一个信息披露的表格，但解决不了公民从民选官员那里收集到的信息少之又少的问题。为解决这一问题，西蒙和她的团队制定了信息披露法案。

这项法案虽然在参议院获得通过，但却遭到众议院的

# 第 14 章
## 持续推动

搁置。不过,众议院的领导人向西蒙保证,他们会继续跟进,因为该法案已进入委员会审议阶段。然而,这项法案最终没有获得通过,这让西蒙十分沮丧和震惊。回顾整个过程后,西蒙明白了,领导层只是把她的法案搁置在了一边。但当时,她还以为他们真的会努力让该法案获得批准。

西蒙说:"我觉得我的失败在于我并没有持续全力推动。亦因此,我学到了持续推动的重要性。"西蒙的这一教训对任何一位想要取得成功的领导者都具有指导意义!领导者必须专注于所渴望的目标,持续推动,直到取得结果为止。

※ ※ ※ ※ ※ ※

## 领导力作业园地

- 领导力是"推动"而非"拖拽",你同意还是不同意该观点?你的理由是什么?

- 根据你的经验,领导者的信心来源是什么?

- 确定你可以帮助人们培养有效领导他人所需信心的三件事是什么?

# 第 15 章
# 关键不在于赢

## 帕特·萨米特

生活中有些人,在人生的某个阶段,总在纠结自己所没有的东西,令其锐气消耗殆尽。例如,他们不够高,不够聪明,不够富有,不够有魅力,等等。早晚有一天,这些人只会用"要是……有多好"来做谈资。

不过,值得庆幸的是,世界上还有像帕特·萨米特这类人的存在。毫不夸张地说,帕特·萨米特生活的每一分钟都在感激她所拥有的一切,同时也在尽最大的努力让它们发挥价值,因为这些就是她实实在在追求的品质。帕特·萨米特在田纳西州农村的一个农庄里长大,她的父亲不仅是这种生活哲学的榜样,还把向周围人宣扬这种生活哲学的价值作为其个人使命。

当你更深入地了解那究竟是一种什么样的生活时,她的眼眶立即会闪出泪花,并带着若有所思的笑容说:"这并不容易。"是的,它显然不能像世界上其他地方那些随处可见的孩子们一样,是被"乐趣"所吸引的。年少的帕特·萨米特也会想,为什么她必须这么早起床,必须放学后马上回家赶去农场干活或做家务,而她的同龄人却并没有被这样要求。

但她还是服从了,直到生命的某一天她豁然开朗。她发现,人在尽自己最大能力忠实地履行义务时,会获得一种内在的、必然发生的自我满足感和高尚品德。此外,这样的旅程还是一种回报,是那种无论你拥有什么样的潜力,每一次有机会把这些潜力发挥到极致时,"感觉真好"的回报。

正如现在我们大部分人(就算不是所有人)所知道的那样,作为荣登 NBA 名人堂的女子篮球教练,几十年来,她一直在积极展示她在农场学到的成就导向。帕特·萨米特在大学期间就被评为全美最佳球员;她也是 1976 年蒙特利尔奥运会上获得银牌的篮球队副队长;在 22 岁那年,帕特·萨米特成为田纳西大学女子篮球志愿者队的主教练。在此后的 38 年里,她执教的志愿者女子篮球队取得过 1098 场胜利(平均每年约 28 次!)。她的职业生涯可谓众多荣誉加身,包括八次赢得 NCAA 锦标赛⊖冠军、一枚奥运会金牌、七次提名 NCAA 年度最佳教练、总统自由勋章的获得者,以及获颁"亚瑟·阿什勇气奖"⊜。

---

⊖ NCAA 是美国大学体育联盟的统称(National Collegiate Athletic Association),篮球只是 NCAA 的一部分。美式橄榄球、棒球、足球,甚至摔跤,都有自己的 NCAA 锦标赛。此处是专指 NCAA 篮球锦标赛。——译者注

⊜ 亚瑟·阿什勇气奖:以美国第一位夺得网球大满贯男单冠军的黑人球手,与艾滋病做顽强斗争的亚瑟·阿什的名字命名的。该奖项主要授予和激励那些超越体育事业本身,永不言弃的人们。——译者注

# 第 15 章
## 关键不在于赢

尽管她的一生如此辉煌,但倘若你有幸见到帕特·萨米特,对她最突出的印象还是她的谦逊。她总是轻描淡写地把一个又一个的成就归功于"在正确的时间出现在正确的地方"。当你指出她的职业生涯似乎总是"在正确的时间出现在正确的地方"时,她会立即用这样一句朴素的话来回应你:

"你知道……我能说的就是,当你看到一只乌龟坐在篱笆上……你知道它一定不可能是独自到达那里的!"

如同那些留给世界非凡影响力的伟大领导者们一样,帕特·萨米特对世界的影响也远远超出了女子体育的领域。她留给我们的珍贵遗产可以用"简单"和"执行"来概括,倘若你想取得成功,那就不要为你没有的东西而焦虑,早点起床,全身心投入,尽可能地发挥你的天赋!这很容易做到吗?并不容易!但这值得去做吗?绝对值得!

显然,她的四字箴言(简单、执行)仍然能够引起人们的共鸣。因为,得到过她真传的 45 名球员今天仍在美国各地的篮球队执教,这确实令人无比欣慰!虽然帕特·萨米特过早地离开了我们(2016 年去世),但她的思想永远在影响着我们!

\*\*\*\*\*\*

> 我不会要求我的员工或团队做任何我自己也不愿做的事情。
>
> ——帕特·萨米特

# 第 15 章
## 关键不在于赢

### 钢铁般的目光

我们为什么会记住不同领域的"伟人"？

是因为他们的成就吗？是他们遭遇困难时那不屈的生活方式吗？是他们说过的话吗？

毫无疑问这些都可能是原因，但当我们越过表面探其究竟，就不难发现，真正伟大的领导者都是那些以身作则的人。没有人比田纳西州传奇女子篮球教练帕特·萨米特更能证明这一点。

今天我们要记住的这个人，有着湛蓝的眼睛、钢铁般的目光、坚毅的表情，是严格纪律的信奉者，也是美国体育界有史以来最伟大的运动员之一：帕特·萨米特。

不仅如此，萨米特还是第一位赢得 1000 场胜利的甲级篮球教练；她本人获得过难以置信的八次 NCAA 锦标赛冠军。但倘若，我们只记住了她是世界冠军和赢得过的胜利，那就错过了这个故事的真正意义。

帕特·萨米特的一生都在追求带给人们更多积极影响的生活方式。她严格要求她的管理层、教练、员工和球员。当然，她对自己的要求也更加严苛。她的这种成为最好的自己的动力——并积极向人们展示如何能够成为最好的自己，是她向我们所有人传达的领导力经验的核心。

## 在农场长大

帕特·萨米特（家族姓：海德）虽于1974年毕业于田纳西大学马丁分校，但她接受过最好的教育还是来自田纳西州克拉克斯维尔的海德家族的农场。

在农场的这段时间里，帕特·萨米特学到了努力工作、严守纪律、奉献与付出和对以上所有的高度承诺，这是她的家族赖以生存的准则。她的父亲理查德·海德是一位严格的纪律信奉者，他灌输给孩子们的既有恐惧也有宝贵的人生经验。他极为强势、极具威严，教导女儿拒绝接受任何低于最佳标准的事情。

虽然海德家族的农场杂活很多，但在完成一天的工作后，帕特·萨米特还是有时间打会儿篮球。正是在那里，她学会让她受益终身，也因此影响了数百万的人的篮球技能和宝贵的领导能力。

## 为追求更高而奋斗

在她十几岁的时候，父亲为了让帕特·萨米特能够去

## 第 15 章
关键不在于赢

高中打篮球，全家人搬到了田纳西州的亨里埃塔县。那个时代，女性仍须努力争取得到上高中和进入大学体育运动队的机会，但帕特·萨米特的父亲看到了女儿身上巨大的潜力，主动为她创造了条件。

彻底绽放的帕特·萨米特在完成耀眼的高中生涯后，入读田纳西大学马丁分校，并继续她的篮球训练。毕业后，她考入田纳西大学攻读硕士学位，同时也加入该大学的女子篮球队。有一天，她的前任主教练突然辞职，她意外地发现自己坐在了主教练的位置上。就这样，22 岁的帕特·萨米特成了田纳西大学女子篮球队的主教练。

刚接手球队的她甚至还兼任过球队的巴士司机。你问她的薪水？一个月 250 美元，和今天那些数百万美元收入的教练们相比可谓天壤之别。所以，若说帕特·萨米特这样做是"出于对篮球的热爱"，则过于轻描淡写了。

不久之后，她入选了美国女子篮球队，在 1976 年的蒙特利尔奥运会上作为副队长率队获得银牌。而这一殊荣的获得又赋予了她更多的职业责任。

### 卓越的标准

帕特·萨米特训练田纳西女子篮球队的方式，给女子篮球志愿者队所有的球员们都留下了难以磨灭的印象。据她们回忆:"我们在任何时候都要比对手准备得更多、做得更好。我们会专注于比赛的每一个基本要素,确保在每一个领域都做到最好。但这还只是开始,明天我们还会继续,并且持续地重复、重复……"

帕特·萨米特始终如一的训练方式,源自一个服务型领导者的内心。她成功的真正秘诀就是她那颗真诚的同理心。纵观体育与商业历史,对球员和员工有着无限要求的"领导者"比比皆是,但将帕特·萨米特与其他领导者区分开的,不仅是她管理田纳西大学女子篮球队的方式,更是她如何对待他人的方式。

在真正激烈的比赛上,球员们都知道没有人比帕特·萨米特更看重防守了。但她周围的人更知道,帕特·萨米特永远不会要求她们做任何她也没有完成过的或自己也不会做的动作。这种对追求卓越的承诺,使她得到了为她效力的女子篮球队的姑娘们和流淌着"橘白色血液"的球迷们的爱戴。

此外,她以无私的付出和倾心的关爱,帮助她的球员成为发展最为全面的女性。38年来,在帕特·萨米特手下训练的每位球员都拿到了田纳西大学的学士学位。即使在她生命的最后几年,她仍然会去检查田纳西大学老师们的工作,以确保她的队员们都在上课。不遗余力、竭尽所能,不放

## 第 15 章
### 关键不在于赢

过任何一个细节,帕特·萨米特知道真正伟大的领袖必须有能力照顾到方方面面。

## 凝视背后的领袖

帕特·萨米特之所以如此特别,在于她愿意真诚地帮助生活中的每一个人。她和蔼可亲、热情好客,总是问大家过得怎么样。她告诉人们她关心他们,她知道这是引领和赢得胜利的基础。

她非常注重"为什么要这样做"(意义)和"如何做才能实现"(方法),并基于此行事。这需要她从接触有潜力的新人那一刻起,从介绍自己,到所在的大学,再到向她们展示球队的目标、愿景,以及如何才能达成,为什么她们是全国最好的团队,一一精心做好准备。她希望借此传达的信息是:"没有人能比我们更高效地完成这些工作,这也是我的领导力发挥作用的地方。"

帕特·萨米特常年将自己视为优等生,她从年轻时就是这样看待自己,她也同样评价在奥斯汀佩伊州立大学打篮球的哥哥。她自喻自己是一个不具备任何天赋,但每天都充满动力、斗志和保有良好职业操守的人。然而,在两件事情上帕特·萨米特认为她绝对堪称大师,那就是在自己永远能够控制的事情上：我们的态度和我们的努力。

帕特·萨米特相信自信是可以通过学习获得的，这也是她作为主教练的使命。每年，在诺克斯维尔的汤普森·博林球馆，会有无数的美国高中篮球队前来比赛，但那些才华横溢的年轻女性很快就会发现，相比于身体素质，在比赛中的精神面貌和情绪管理更为重要。这就是帕特·萨米特的成功之处，她向队员们展示如何在精神上变得强大，同时，也让队员们经历全国最严格的训练和练习。

虽然帕特·萨米特对她的球员抱有极高的期望，但她一定是事先要求自己。这种以身作则的榜样力量弥漫在田纳西大学的更衣室里，给急需提升自信的球员们注入着源源不断的能量。

"姑娘们，现在，即刻，让我们从期望达到最高水平的目标开始，就像在课堂上期待得到 A 一样。"

在 1987 年赢得 NCAA 锦标赛之前，帕特·萨米特率领的田纳西大学女子篮球志愿者队在之前的五个赛季中已经三次打入四强。冠军离她们是如此的近，又是如此的远。在打败路易斯安那理工大学，获得她们八个全国冠军中的第一个的前一天，帕特·萨米特没有采用大喊大叫或激昂打气的方式要求队员们进行严格的体能训练。

相反，她带领团队进行了一项静默的想象练习。她们

# 第 15 章
## 关键不在于赢

坐在球场的中央,想象自己打出了绝佳的防守,这样的想象在比赛中发挥了重要的作用,她们以 67∶44 完胜对手。辛苦的努力得到了回报,她们打出了历史上最好的防守,这缘于她们赛前精心的准备,和在赛场上的充分自信,这二者就是她们赢得胜利的关键。

## 家庭第一

帕特·萨米特展现出的伟大领导者的所有经验都来源于她热爱的家庭——她的出生,她的婚姻和她的篮球世家。帕特·萨米特习惯用"家庭"来诠释领导力,因为对她来说,田纳西大学女子篮球志愿者队也就是她的家。无论输赢,无论是处于高峰或低谷,她们都一直相互鼓励、相互支持,始终团结在一起。对于每一位伟大的冠军来说,非常值得铭记的一件事就是:任何赢得最高水平比赛的人都经历过数次的惨败。帕特·萨米特对此也深有体会,因为即使在她的全盛时期,她也丢掉过五届全国冠军赛的奖杯。而每一次,她所崇尚的生活哲学和紧密的家庭关系,都帮助她度过了一个又一个的逆境。

每当她和团队遭遇困难时,她就会坐着农场的拖拉机回到父亲身边,用正确的方式处理情绪。她幼时在农场帮工的那段经历对她的人格塑造发挥了重要的作用,这其实就是帕特·萨米特的领导力的起点,一切都可追溯到她在田纳西农场里的收获:承诺、自律、勤奋、尊重和关心他人。她将这些经验带到异常复杂的甲级联赛的世界,尽管那里充满了走捷径的诱惑和机遇,但她始终不为所动。她希望以正确的方式周旋于商业世界中,打造一支超一流的团队和一个成功的项目。"要想取得你想要的最终结果,最好的领导方式就是把人们团结在一起。在比赛开始之前的24小时,我们会准备比赛怎么打;在比赛后的24小时内,我们会复盘我们是如何赢得或输掉比赛的。不过,我们不会一直沉迷于此,我们会放下比赛,投入新的训练中去,这就是我们共建的纪律准则。"

帕特·萨米特在生活中,无论是对自己还是对团队,都有一个又一个更高的期许。她就像一个渠道,是其他人发现自己生命最大潜能的渠道。每个赛季开始前,她都会为球员设定个性化的目标。在赛季中期,她会重新审视这些目标,对比比赛的结果。赛季结束时,她会再进行评估和反思,哪些地方进展得顺利?哪些地方没有取得进步?如何才能变得更好?

她认为,只要在团队理念范围内,就应该让每位有天赋的球员最大程度地发挥自己的长处。

卓越的领导者都会有一个明确的计划。从别人那里收集反馈、理念和策略不失为明智之举。不过最终,你需要做出什么是对你和你的团队最有效的决策和计划。纪律严明对帕特·萨米特来说永远是最重要的,她明白,她需要以身作则来树立纪律严明的基调。同时,领导者必须给予团队以方向,必须告诉她们如何才能去到目的地。她必须是团队的向导,那就是她领导田纳西大学女子篮球志愿者队的方式。

## 竞争者的归宿

没有人在审视自身弱点时会觉得自己强大。但直面弱点会让你更加了解自己,发现自己真正的力量。2011 年 8 月,帕特·萨米特在田纳西大学女子篮球志愿者队的最后一个赛季开始之际,宣布自己患有早发性老年痴呆症的消息,这是一种可怕的疾病,无药可医。不幸的是,不到五年这场疾病就夺走了她的生命。

在赛场上的帕特·萨米特是一位勇猛的选手,在公开和私下场合应对疾病时,她同样表现得英勇无畏。她每天都抱着冠军的心态,从不希望任何人同情她。直到生命的最后时刻,帕特·萨米特都展现着一位卓越领导者是如何成为身边每一个人充实、勇敢生活的榜样的。

在体育教练的拉什莫尔山[一]上，帕特·萨米特绝对值得位列其中。正如我们所知的，伟大的事情从来都来之不易，也不是轻而易举就能完成的。我们必须为之付出全部的努力。就像帕特·萨米特经常说的话："要想登上顶峰，你必须从内心做出承诺。"

当离开摄影师、电视摄像机和五彩的纸屑，回到生活的原点，面对镜子里真实的自己，我们会为自己所做过事情感到骄傲吗？它真的是关于奖杯或荣誉吗？虽然帕特·萨米特全都拥有这些，但对她来说，那只不过是她曾经触及过的生活。真正令她成长为一名伟大女性的，是她的骄傲、自信、聪明、坚强，这就是一切意义的所在，是竞争者真正的归宿。

## 一切付出都是值得的

"对我来说，团队合作就像是家庭的一部分，伴随而来的是责任、纠纷、头疼和争吵。但所有的付出都是值得

---

[一] 拉什莫尔山（The Mount Rushmore）：俗称美国总统公园、美国总统山，坐落于美国南达科他州基斯通附近的美利坚合众国总统纪念公园内，雕刻有华盛顿、杰斐逊、老罗斯福和林肯四位总统的巨幅石像。此处寓意镌刻体育界最受人尊敬和取得瞩目成就的人的丰碑。——译者注

## 第 15 章
### 关键不在于赢

的。"就像汤姆·汉克斯饰演的吉米·杜根在电影《红粉联盟》中对吉娜·戴维斯饰演的多蒂说的那句经典台词:"这应该很难。但如果不难,每个人都会去做。是困难成就了伟大。"帕特·萨米特也用自己独特的方式证明了,真正的个人和职业成长全都来之不易。在克拉克斯维尔农场的那段日子,帕特·萨米特日出而作日落而息,成长为一名优秀的领导者。因为对成功的渴望,面对再艰苦的工作她都愿意为之百分之百地投入。

在领导力方面,就像在人生中一样,很少有人能够完全践行他们的豪言壮语。价值观、道德和原则确实很美好,但如果没有实际行动来兑现,它们就只是一种空洞的语言。在帕特·萨米特的内心深处,她知道自己会尽最大的努力和积极的态度对待生命的每一天。她周围的每一个人也都知道这一点并对她深信不疑。这样的稳定性和一致性,实则是领导者成功的基石。

帕特·萨米特能够让人们的表现达至他们从未想过的水平。但她对她们的期望和对自己的期望一样高,这些期望一年比一年更宏大、更大胆。其实,我们每个人都拥有这样不可思议的领导能力,而帕特·萨米特就是凭借这种能力散发出的感染力和影响力,最终达至无人能及的运动巅峰。

在领导力方面,人们更倾向于协同和协作,他们把个人责任从等式中移除,但那绝不是帕特·萨米特所认同的。

她曾经说过:"如果你无法承受我们的标准所带来的挑战,那么你也只能去往别处。"

帕特·萨米特懂得,她需要表现出真正的关心,才能更有效地触及他人,让她们的能力与潜力都得到最大限度的发挥。在她大胆的外表之下,她严厉的爱、非凡的情商和优雅的知性,让那些与她最亲近的人以这种方式记住了她最好的一面。

此时,用她自己的文字来结束本章节再合适不过了,那是她在田纳西大学开始她的第一场比赛前写给一位前球员的信。若你仔细咀嚼这段话,你就会明白在伟大的帕特·萨米特教练的引领下意味着什么:

"……胜利是美好的,是一种很棒的感觉,好像整个世界都是你的。但这种感觉终究会过去,最后留下的持久记忆就是你能学到的,对生活的理解!

"胜利是快乐的……当然!

"但胜利不是关键,关键是想要赢。不要放弃不是关键,关键是永不松懈,永不满足!

"比赛永远不会结束。不管记分牌上写着什么,或者裁判说了什么,当你离开球场时,一切还远没有结束。

"比赛的秘诀就在于你的每一次倾尽所能,做到最好!为之忍耐和坚持吧,为之去奋斗、探索和发现吧!让我们永不屈服!"

第 15 章
关键不在于赢

\* \* \* \* \* \*

## 领导力作业园地

- 作为领导者,你个人的卓越标准是什么?

- 自信是可以培养的,你同意还是不同意该观点?你的理由是什么?

- 赢并不是最重要的,你同意还是不同意该观点?你的理由是什么?

# 后　记

　　伟大领导者们都致力于终身学习。正如桑迪·奥格在序言中指出，人们从其他伟大领导者身上学习领导力的基本原则，然后在当下的社会中运用，并不断将自己锻造成为优秀的领导者。

　　我们希望，当你应用本书所分享的实践经验时，书中的内容可以作为你灵感和指引的持续源泉。这些结论是为你和你尚未意识到的经验教训之间架起的桥梁，是你独自的领导力之旅中将学习到和体验到的经验教训。因为本书中所有的故事都是如此地不同和个人化，你也许很想知道，接受采访的每一位领导者都被问到过哪些同样的问题？他们的答案又是什么？我们将这些问题归纳如下，邀请你也借此探寻和发现你个人的领导力的经验教训。

### 《大师的领导课》的访谈问题：

1. 你如何定义领导力？
2. 你第一次意识到或体验到领导力是什么时候？
3. 你的领导者榜样是谁？

# 后 记

4. 你的榜样是如何影响你的领导生涯的?

5. 领导力在一个组织的成功中扮演什么角色?

6. 你如何识别和培养领导者?

7. 回顾你的第一次管理经历,你遇到过什么挑战?从中得到了什么经验教训?

8. 如果你要给管理者们分享一条领导力技巧或一点建议,你会分享什么?

9. 你想让人们因什么记住你?

# 结束语

## 领导者,影响众

相信所有经历过糟糕领导力影响的人,都对高效领导者的重要性深有感触。当领导者行之以正的时候,我们虽然不会在当下把他的每一个行动或特质皆视为"领导力",但我们的确能够感知到它的存在。那么我们又该如何效仿这些行为呢?

《大师的领导课》一书的作者从 15 位杰出领导者数十年的经验教训中提炼出精彩纷呈的故事,激励和引导读者改变他们的领导方式。本书不是基于一个声音或一个观点,而是汇集了来自各行各业的各种各样的领导人和他们的风格,他们中的有些人或许更知名,但所有人的经验教训无疑都是独一无二和令人信服的。

本书通过对每一位领导人迥然不同个性的直白而富有启发性的描述,来帮助你了解,正是他们在领导力之旅中所遇到的人和经历对他们的信仰和实践的塑造,定义了伟大领导者所需的基本技能和个性特质。

写作本书的目的不是为了讨论纯理论或复杂情景,而

## 结束语
### 领导者，影响众

是基于每个人的真实经历，描绘出一幅关于领导者的特征以及领导者会做什么的画卷。每章还提供了一个可供领导者践行的学习园地，读者可以对照反思和应用这些有意义的洞察。

这是一本让你无法读完一次就束之高阁的书。不论哪个阶层的领导者都能不断从此书中汲取营养。任何一个级别的领导者若想得到真正的启发，那么，请在每页的空白处做好笔记，让《大师的领导课》一书作为指南，指引你走上成为一名非凡领导者的旅程。